Georg Wögerbauer / Hans Wögerbauer Irgendwann kommt nie

GEORG WÖGERBAUER
HANS WÖGERBAUER

Irgendwann kommt nie

Entscheidung zur Lebendigkeit

Orac

www.kremayr-scheriau.at

ISBN 978-3-7015-0578-4
Copyright © 2015 by Orac/Verlag Kremayr & Scheriau GmbH & Co. KG, Wien
Alle Rechte vorbehalten
Einband- und typografische Gestaltung: Andreas Ortag
Illustrationen: Walpurga Ortag-Glanzer
Lektorat: Paul Maercker
Druck und Bindung: Druckerei Theiss GmbH, St. Stefan i. Lavanttal

Inhaltsverzeichnis

Danke

◆ im Besonderen an alle unsere PatientInnen und WegbegleiterInnen, denen wir begegnen und mit denen wir lernen dürfen, täglich aufs Neue gefordert, uns gemeinsam zu entwickeln von alten Überlebensmustern hin zur Lebendigkeit.

◆ an unsere kritischen Lektorinnen, insbesondere Frau Dr. Silvia Bengesser, Frau Mag. Alex Benn-Ibler, Frau Dr. Elisabeth Wiesner-Landerl und Sigrid Wögerbauer.

◆ an Andreas Ortag und Walpurga Ortag-Glanzer für die gelungene und einfühlsame künstlerische und grafische Gestaltung dieses Buches.

◆ dem Orac-Verlag und allen MitarbeiterInnen, insbesondere Frau Barbara Köszegi, für die wie immer feine und kreative Zusammenarbeit.

◆ Bernadette Theisl und Beatrix Krapfenbauer für Feedback und Sekretariat und deren Geduld!

◆ unseren Frauen Sigrid und Leni für das Mitentwickeln und Mittragen dieses Buchprojektes. Sie erleichtern und ermöglichen uns seit vielen Jahren immer wieder aufs Neue die Entscheidung zur Lebendigkeit.

Irgendwann kommt nie –
Wir zwei Brüder und die »9R«

Irgendwann sollten wir uns doch wieder treffen.
Irgendwann machen wir aber diese Radtour!
Irgendwann, das spüre ich, steige ich aus diesem Beruf aus.
Geht es doch im Leben immer wieder um Entscheidungen.

Ein Vater schenkt seinem Sohn ein Fahrrad.
Er überreicht es zum Geburtstag.
»Und irgendwann machen wir zwei eine super Radtour«, verspricht der Vater.
Der Sohn freut sich.
Er fährt anfangs viel im Hof, in der Gasse, später in die Schule und träumt von der Radtour mit dem Vater.
Irgendwann verliert er die Freude am Radfahren und das Rad lehnt bald bei den anderen Geschenken, wie Eislaufschuhen und Fußball.
Der Traum verblasst.
Irgendwann kommt nie!
Hat der Vater doch so viel zu tun mit Beruf, Hausbau und gesellschaftlichen Verpflichtungen. Immer ist etwas zu tun!
Das Rad bekommt doch seinen Wert erst mit den gemeinsamen Abenteuern, mit Erlebnissen und mit Beziehung.
Irgendwann machen wir die Radtour!

Es bedarf ganz bestimmter Voraussetzungen, damit Vater und Sohn die Radtour nicht nur machen, sondern auch in einen echten Flow, ein *rauschvolles* Erlebnis miteinander kommen.
Entscheidung zur Lebendigkeit!
Immer wieder!
»Es ist egal, wann du den Fisch fängst, er ist immer frisch«, heißt ein persisches Sprichwort.

Viele Wochen haben wir schon in Griechenland schreibend verbracht, und wir wissen, dass wir nur über Erlebnisse und Begegnungen schreiben können, die uns berühren, die in uns Resonanz auslösen. Beide arbeiten wir seit über 30 Jahren als Ärzte und Therapeuten und – da sind wir sicher – Heilung gelingt dort, wo Beziehung gelebt wird! Das ist wohl auch der Grund, warum wir uns immer wieder auf unsere Beziehung einlassen und auch riskieren, Geschichten zu schreiben, Bilder zu zeichnen, Erlebtes, Erfahrenes, vielleicht auch Begriffenes zu teilen. So stellen wir uns ein Stück auch selbst als Lernende und immer wieder Suchende in diesem Buch zur Verfügung. Wir erleben es für uns selbst als heilsam, in unserer Bruderbeziehung immer wieder ins *Risiko* zu gehen, um uns auf unsere eigenen Überlebensmuster anzusprechen und auch damit zu konfrontieren. So, wie wir unsere Patienten immer wieder dazu ermutigen, einerseits für ihr »Leo« zu sorgen, andererseits wieder aus diesem Leo herauszugehen und auch das Risiko einzugehen, etwas zu verändern, abzuschließen und einen Neuanfang zu gestalten, so sind wir täglich auch selbst gefordert.

Um Herausforderungen des Lebens zu meistern, Sehnsüchte und Träume zu leben, um Gemeinsames zu entdecken, können die von uns beschriebenen »9R« gute Impulse sein.

Der *Rhythmus,* jedes Jahr für eine Woche unsere Praxen zu schließen und sonst alle drei Wochen einen Tag zu teilen, tut uns gut, ermöglicht Kontinuität und lässt hin und wieder in unseren Texten eine gemeinsame Melodie erkennen.

Beide wissen wir um die Notwendigkeit und die wohltuende Auswirkung echter *Regenerationszeiten*. Dennoch tun wir uns damit gar nicht so leicht, weshalb wir vermutlich auch so viel darüber schreiben.

Unsere Bruderfreundschaft ist für uns beide eine wertvolle *Ressource*! In Phasen der Traurigkeit, der Erschöpfung, des Krankseins, als Regulativ für unsere beiden Familien, wenn einer von uns in seinem Lebensmodell zu erstarren droht, können wir uns als echte Freunde ordentlich auf die Nerven gehen beziehungsweise stützen, wissend, dass unsere gemeinsame *Ressource* auch der Pflege bedarf.

Im Schaffen und Genießen von *Räumen* für unsere Begegnungen sind wir Spezialisten und können sie auch wirklich genießen. Das Wesentliche dieser *Räume* – schön sind sie allemal – ist der Schutz, den wir uns darin geben, Schutz, um ungestört Beziehungen zu leben und auf diese Weise gemeinsam lernen und wachsen zu können.

Reduktion stellt sich mit unseren acht Jahren Altersabstand immer wieder unterschiedlich dar. Worüber wir uns einig sind, ist das Fokussieren, dort hinzuschauen und dranzubleiben, wo wir die sein können, die wir auch wirklich sind, mit unseren Stärken und Schwächen. Wir wollen beide reduzieren, um das Wesentliche sehen zu können.

Miteinander zu *reflektieren* – zurückschauen, um wieder ein Stück vorwärts zu leben, infrage stellen, über einiges lachen können, im Zuhören und Hinspüren voneinander lernen –, das ermöglichen wir einander in unseren Begegnungen.

Ein wunderbares *Ritual*, wenn wir auf Kreta landen, ist für uns beide der erste *Rausch*. Nicht, dass wir beide dabei betrunken sind, aber die griechische Küche, das Meer, der Zauber des eroberten Schutzraumes und sicher auch der süffige Wein, der uns allerdings nur auf der Insel so gut schmeckt – all das trägt zu so manchem *Rausch* bei, den wir auch »Begeisterung-Im-Miteinander-Sein« nennen wollen.

Geschichten, wie wir sie hier niederschreiben, haben wir erlebt und einander erzählt, in guten Schutzräumen, und wenn sie uns berührt haben, dann konnten wir sie niederschreiben, uns manchmal auch von der Seele schreiben. Es sind Geschichten von Begegnungen – Selbstbegegnungen, Begegnungen in unserem privaten und beruflichen Lebensraum.

Im Sinne der Verschwiegenheit und zum Schutz der involvierten Personen sind die Texte anonymisiert. Wir wollen aber dennoch Bilder und Berührtheiten weitergeben, weil wir wissen, dass Menschen über Bilder und Geschichten, die auch Raum für Identifikation geben, leichter lernen können.

In diesem Sinne wünschen wir Ihnen, dass Sie beim Lesen auf Ihr Herzklopfen hören und hinspüren, denn unser Körper, wenn wir mit ihm verbunden sind, führt uns immer ein Stück weiter in der Kunst zu leben.

Georg und Hans Wögerbauer
Anidri (Südkreta), im September 2014

Die »9R« –
am Weg nach Assisi

… sind ein Wortspiel. Neun Begriffe, die mit R beginnen. Entstanden sind sie, entdeckt haben meine Frau und ich sie in unserem Auszeitjahr im Rahmen einer Fußwanderung vom Waldviertel nach Assisi. Für uns war dieses Jahr ein Übergangsjahr. Unser jüngster Sohn hatte maturiert, startete seinen Zivildienst, und die beiden großen »Kinder« waren schon längst auf ihren eigenen Beinen. Der richtige Zeitpunkt für uns, um nach dreißig Arbeitsjahren ein klares Stopp, eine Unterbrechung für ein Jahr zu setzen, auch, um zu einer neuen Standortbestimmung zu gelangen, sodass wir auch die Zeit nach unserem 50. Geburtstag bewusst gestalten können.

»Aus-Zeit – bevor die Zeit aus ist«, war so ein Gedanke von mir, und eine der prägendsten Erfahrungen dieses Jahres war besagte Wanderung nach Assisi. Das Ziel war klar definiert. Meiner Frau und mir war wichtig, gemeinsam zu Fuß unterwegs zu sein, und für mich war Assisi ein würdiges Ziel, weil mich dieser »kleine verrückte Poverello« Franziskus schon immer fasziniert hat.

»Wir gehen miteinander« war unser Motto – und das erst recht nach dreißig Ehejahren. Mit der Klarheit, dass wir gemeinsam ein Ziel erreichen wollen, sind wir aufgebrochen. Ich erinnere mich an das Schließen der Hoftür und das Verlassen unseres Dorfes, meine Frau mit einem zwölf Kilogramm schweren Rucksack und ich mit 18 Kilogramm am Rücken. Wir konnten selbst nicht glauben, worauf wir uns da eingelassen hatten. So haben wir auf der Dorfstraße das Ortsschild hinter uns gelassen, um durch den Hornerwald in Richtung Kamptal aufzubrechen.

Schon bald machten wir die Erfahrung, wie wichtig der Rhythmus für unseren Weg war. Wir lernten die Notwendigkeit kennen, uns im Rhythmus fein aufeinander einzustellen, um unser Tagesziel zu erreichen. Es war zuerst der Rhythmus des Gehens: »Ich gehe mit dir« heißt auch: »Wir sind in Beziehung miteinander.« Um gemeinsam zu gehen, braucht es diese Abgestimmtheit aufeinander.

Ein weiterer Rhythmus, den wir entdeckten, wurde uns vom Körper gemeldet. Beide waren wir nicht gewohnt und auch nicht besonders gut darauf vorbereitet, täglich 20 bis 30 Kilometer im Hochsommer mit Rucksack unterwegs zu sein. Wir haben gelernt, ausgiebiger als sonst zu frühstücken, und bald hat sich zum Gehrhythmus auch ein Pausenrhythmus dazugesellt. Wir wurden auch achtsam mit der Proviantvorbereitung für jeden Wandertag. Wir haben gelernt, uns auf unserer Wanderung dem Rhythmus des Tages und der Sonne anzupassen und brauchten dafür keine Uhr, sondern wache Sinne.

Wir hatten keine fixen Pläne, Wanderzeiten oder tägliche Kilometervorgaben, sondern wir haben täglich neu entschieden, wie weit, wie schnell, mit welchen Pausen und bis wohin wir gehen wollen. Es waren Kontakt und Verbindung, die uns ermöglicht haben, unseren Rhythmus zu finden, auf unsere Atmung, auf unsere Sinne zu achten, und in dieser Achtsamkeit füreinander kam zum Rhythmus noch die Melodie, feine Töne und Zwischentöne, sodass uns dieser gemeinsame Rhythmus über tausend Kilometer weit getragen hat.

Rituale brauchen Zeit, Vorbereitung und Nachbereitung, so auch auf einer langen Fußwanderung. Das Pausenritual hat schon damit begonnen, dass wir uns mit ausreichend Proviant versorgt haben. Wir haben uns Zeit gelassen beim Gehen, jenen Platz für die Pause zu wählen, der uns beide angesprochen hat. Es war gut, öfters die Schuhe auszuziehen, in der Wiese oder auf einer Bank zu liegen, die Füße über dem Rucksack ruhend oder in einem Bach zu baden. Für dieses Pausenritual mussten wir nicht auf die Uhr schauen, wir konnten beide spüren, wann der richtige Moment war, wieder aufzubrechen. Und heute, mich an die Wanderung erinnernd, fallen mir so viele Ritualplätze ein: beim Kebabstand in Aflenz nach einem Tag der Verirrung, eine Einsiedelei in der Emilia Romagna, bei einer wunderbaren, alten Frau im Friaul, auf den Steinmauern vor dem Kloster von San Damiano oder eine alte Bahntrasse im Tagliamento-Tal.

Ein weiteres Ritual auf unserer Wanderung entwickelte sich um ein Backgammonspiel, das wir an den verrücktesten Orten und in den lustigsten Situationen immer wieder ausgepackt haben. Das Spiel hat uns oft aus einer Zentriertheit und Fixiertheit herausgehoben, sodass wir auch spielerisch weitergehen konnten. Spielen war dann der Rahmen, die Leichtigkeit, der Lohn, das Miteinander-Lachen war das Geschenk dieses Rituals. Heute noch habe ich unsere Wanderkarten, auf denen wir jeden Abend – ein weiteres Ritual – mit rotem Filzstift die gegangenen Wege nachgezeichnet haben, um dann zufrieden den Tag sein zu lassen mit allem Erlebten.

Reduktion ist meine Stärke nicht! Mein Rucksack hatte beim Weggehen im Waldviertel 18 Kilogramm, bei der Ankunft in Assisi ganze zehn Kilogramm. Ich habe so viel »in Reserve« mitgenommen, so viele Sicherheiten eingepackt, vom Nähzeug über Medikamente und Fußbalsam, GPS und schlaue Bücher, und wir haben gelernt, dass wir pro Tag immer nur eine Hose und ein Leiberl tragen können, und wenn du 1400 Kilometer gehst, dann trägst du bald nichts Unnötiges mehr mit. Je sicherer beim Gehen und sicherer zu zweit und mit unseren Beinen wir wurden, umso weniger haben wir benötigt.

Drei Mal haben wir ein Paket geschnürt und nach Hause geschickt. Ich wollte nicht mehr am Weg nach Assisi ein Ladegerät für den Fotoapparat, eines fürs Handy, ein drittes vom GPS-Gerät und ein viertes von der Stirnlampe tragen. Ich musste verzichten, reduzieren, um genau jene Leichtigkeit zu erfahren, die ein wesentlicher Beweggrund für die Wanderung nach Assisi war.

Und letztlich rührt ja auch daher diese Faszination für Franziskus – den reichen Kaufmannssohn –, der in seiner radikalen Reduktion ein Paradigma in diese Welt brachte, das auch heute noch viele Menschen inspiriert. Ich habe bemerkt, dass mit der Intensität an Verbindung, die uns im Unterwegs-Sein miteinander gelungen ist, auch meine Bedürfnisse nach Konsum immer weniger wurden. Ich erinnere mich sehr gut, wie ich Venedig ganz anders als sonst erlebte, als wir mit unseren Rucksäcken den Lido entlang wanderten.

Die Reduktion hat uns weniger verführbar gemacht. Wir waren fokussiert auf den Weg, und das ist hilfreich, um ein Ziel zu erreichen.

Am siebten Tag unserer Wanderung ging es über den Ötscher, als wir am Abend bemerkten, dass Stiegensteigen nicht mehr wirklich möglich war, unsere Beine waren übermüdet und übersäuert, und alles tat uns weh. »Der Körper lügt nicht«, pflege ich immer wieder den PatientInnen zu sagen, und so ging es auch uns. Den achten Tag verbrachten wir im Kurhotel in Gösing, die Beine meist hochgelagert, diesen Rhythmus sollten wir bis Assisi beibehalten. Alle acht Tage gab es Regenerationszeit an schönen Plätzen, und ich gebe zu, dass vor allem meine Frau diese Regeneration eingefordert hat, nicht weil sie schwächer war beim Gehen, im Gegenteil, sondern weil ich mich in meiner Zielorientiertheit immer noch zu wenig gespürt habe und mir die notwendige Regenerationszeit nicht zugestehen wollte.

Wir haben auf dieser Wanderung gelernt, die Betten, in die wir uns legten, zu inspizieren, denn wir wollten uns gut ausruhen, wir haben darauf geachtet, gut zu schlafen, und wir haben uns gute Häuser zur Regeneration ausgesucht und gute Küchen und herzliche Atmosphären, weil es für unser gemeinsames Ziel auch wichtig war, in der Kraft zu bleiben.

Oft ist es unser Körper, der uns zur Regeneration hinführt, weil wir selbst Müdigkeit und Erschöpfung nicht spüren können. Manchmal ist es Krankheit, manchmal ist es die Reaktion der

Menschen, die uns in unserer Erschöpfung Tag für Tag erleben und oft – viel zu lange – aushalten. Tatsächlich sind wir gebaut, nicht nur an Grenzen, sondern auch über Grenzen zu gehen, und so haben auch wir Tage mit vielen Kilometern und Höhenmetern geschafft, was wir uns nie zu schaffen erträumten – aber am siebten Tage sollst du ruhen, ist schon eine alte Weisheit.

Auf unserem Weg vom Waldviertel nach Assisi gab es viele Momente der Reflexion, der Stille. Im Miteinander-Gehen konnten wir gut zur Ruhe kommen. Zuerst waren das scheinbar ganz banale, dennoch wichtige Dinge: Kann ich noch gehen? Wie geht's dir? Wie geht's mir? Geht's noch? Wie weit gehen wir heute noch? Wie geht es deinem Knie? Nehmen wir die Stecken beim Bergab-Gehen? Hast du genug zum Trinken vorbereitet? Gehen wir den schönen, aber längeren Weg oder nehmen wir die Abkürzung über die Straße? Beim Zu-Fuß-am-Weg-Sein ist Reflexion ein ständiger Begleiter, ein anderes Maß an Reflexion ist möglich und auch erforderlich als bei 130 km/h auf der Autobahn. Genau genommen ist die so oft gestellte Frage »Wie geht's dir?« immer eine ganz zentrale Frage und Einladung zur Reflexion: Wie geht es dir? Wie geht es dir mit dem Gehen?

Immer wieder entdeckten wir während unserer Wanderung Plätze für Reflexion und Stille: Im Freien, im Unterwegs-Sein, in unserer Begegnung, im Zwischenraum unserer Verbundenheit. Wir haben auch Stunden des Schweigens im rhythmischen Gehen verbracht und waren oft erstaunt über die Gleichzeitigkeit unserer Gedanken nach langer Zeit der Stille.

Im Friaul sind wir einer alten Bäuerin begegnet, die uns mit »Mandi, Mandi« gesegnet hat, einem friaulischen Gruß, der so viel heißt wie »Begib dich in die Hand Gottes«. Wir haben im Friaul die Menschen mit diesem Gruß begrüßt und sie haben uns eingeladen. Wir haben Bilder aufgesogen von Menschen und sie mit uns getragen. Das alles war möglich in einem Rahmen geschenkter Zeit und Bewegtheit zu zweit. Wir haben gelernt, dass das Tempo unserer Fortbewegung einen Einfluss hat auf die

Weise unseres Reflektierens, alleine und zu zweit, in tiefen und guten Gesprächen. Wir haben es genossen, am südsteirischen Höhenweg zurückzuschauen und die Höhenzüge zu sehen, über die wir im Laufe eines Tages gewandert sind, und wir haben uns vorgenommen, diese Reflexion in unsere Lebensgestaltung zu integrieren und uns Zeiten der Stille und des Stillstandes zu ermöglichen.

Es war ein Risiko, unseren gemeinsamen Ordinationsbetrieb für ein Jahr zu schließen, das Zuhause unseren Kindern zu überlassen, und es war auch ein Risiko, in mäßig gutem Trainingszustand loszumarschieren, um aus alten, gewohnten Bahnen auszubrechen. Um alte Überlebensmodelle und Muster zu verlassen ist es notwendig, ins Risiko zu gehen, erst dann tun sich neue Räume, Freiräume und damit auch Perspektiven auf für neue Schritte und Entwicklungen. Beim Wandern waren wir öfters in Risikosituationen, welcher Weg einzuschlagen sei, manchmal war es der richtige, manchmal war es der falsche Weg, manchmal war es auch ein Umweg und manchmal haben uns Umwege zu besonderen Plätzen geführt. »Wer nicht manchmal vom Weg abkommt, läuft Gefahr, auf der Strecke zu bleiben«, und so ging es auch uns. Oft haben wir im Abkommen vom Weg die schönsten Dinge erlebt. Es war schön, dass ich das Risiko mit meiner Frau teilen konnte, zu zweit war es für uns einfacher, und wir konnten uns gegenseitig über manche Hürde helfen. Nachdem wir den Weg das erste Mal gegangen sind, haben wir an keinem Morgen gewusst, was uns den Tag über erwartet. Das heißt, jedes Losgehen war ein Risiko, so auch wie jede Begegnung am Abend. Durch unser Unterwegs-Sein haben wir täglich riskiert, Menschen zu begegnen und wurden mit vielen schönen Begegnungen beschenkt.

Für dieses Auszeitjahr haben wir uns Zeit genommen und Raum füreinander geschaffen. Wir haben die Erfahrung gemacht, dass Räume notwendig sind für Begegnung und für Austausch, dass es Schutzräume braucht für Wachstum und für das Miteinander-Lernen. Im Gehen waren wir zu zweit in einem Raum, den wir uns ermöglicht haben, und haben gestaunt, was an Begegnungen und Erfahrungen möglich wird, wenn wir auf diesen Raum achten und ihn pflegen. Für Räume braucht es primär nicht das Haus oder das schützende Dach, sondern es ist zuerst einmal der Raum, den ich mir selbst in meinem Sein und in meinem Unterwegs-Sein gebe und nehme, und der mich achtsam mit mir und der Natur sein lässt, die mir wiederum Raum gibt. Wir haben schöne Natur durchwandert und wurden bescheiden im Erkennen, mit wie vielen Lebewesen wir diesen Raum teilen. Je länger wir in diesem Naturraum bewusst am Weg waren, umso bescheidener wurden wir, sodass wir zwischen Chiusi della Verna und Assisi zumindest manche Teile aus Franziskus' »Sonnengesang« verstehen, erfahren und begreifen konnten. Um im Naturraum zu sein, benötigt es das Ganz-da-Sein voller Wachsamkeit und Achtsamkeit. Dieser Naturraum hat uns eine Fülle von Lernfeldern und Möglichkeiten geboten und geschenkt.

Das zweite Raumgeschenk auf unserer Reise nach Assisi war der Zwischenraum in unserem Miteinander-Gehen. Es wurde uns immer bewusster: Wenn wir gemeinsam ein Ziel erreichen wollen, dann ist es auch notwendig, dass wir den Zwischenraum gut pflegen, ihn freihalten und auch, dass es uns immer wieder gelingt, Brücken zueinander zu bauen, Brücken, die uns verbinden. Wir haben gelernt, den Zwischenraum, den wir schaffen, zu sehen und aus diesem Raum auch Kraft zu schöpfen.

Wir haben viel Vorbereitungsarbeit vor unserer Wanderung getan, die richtigen Schuhe, die richtigen Rucksäcke ausgewählt, wir haben unsere Ausrüstung gut überlegt. Das heißt, wir haben zu Beginn unserer Weitwanderung viel Aufmerksamkeit auf die materiellen Ressourcen gelegt und die Erfahrung gemacht, dass mit jedem Kilometer, den wir am Weg waren, noch eine andere Form von Ressource wesentlich bedeutsamer für uns wurde. Besonders die Ressourcen unserer gemeinsamen Erfahrungen, die Ressourcen, die wir nähren konnten über viele Begegnungen.

Wir haben unsere Ressourcen aufgefüllt durch liebevoll zubereitete und hochwertige Nahrung. Eine wesentliche Ressource für unseren Weg haben wir dadurch erfahren, dass wir uns nicht für alles verantwortlich, sondern auch getragen fühlen dürfen in einem spirituellen Netz, das uns Halt und Kraft und auch Sicherheit in Situationen von Schwäche und Unsicherheit gibt.

In jedem Menschen steckt die Sehnsucht nach Rausch und Berauschtheit, nach Erlebnissen, die uns aus dem Alltag herausheben. Bei unserer gemeinsamen Wanderung war es oft nach Stunden des gemeinsamen Gehens ein besonderer Rausch, an einem guten Platz anzukommen, von gastfreundlichen Menschen verwöhnt zu werden, der Rausch, ein Ziel zu erreichen, die Begeisterung, am Weg frische Heidelbeeren zu essen, im Friaul guten Rotwein zu genießen oder letztlich auch der Rauschzustand, eines Morgens in der Ferne im Nebel die Umrisse von Assisi zu entdecken, um dann die letzten 20 Kilometer »wie im Flug« zu nehmen.

Ich denke auch an einen besonders langen und schönen Wandertag in der Emilia Romagna, wo wir über Wiesen mit wilden Orchideen gegangen sind, um dann am Abend in einem liebevoll restaurierten Steinhaus zu landen und von einer herzlichen Frau bekocht zu werden in der feinen Kultur der italienischen Küche. Diese vielen Räusche, diese vielen Momente der Begeisterung und des Beschenktwerdens haben uns über 1400 Kilometer getragen und haben uns ans Ziel gebracht. Und auch heute noch, vier Jahre nach dieser gemeinsamen Erfahrung, können wir diese Räusche abrufen, mitteilen und auch andere damit beschenken.

Wie gut erinnere ich mich, dass wir dann nach zwei Monaten überrascht waren, tatsächlich am Fuß des Hügels von Assisi zu stehen, und wie wir dann unsere Ankunft an diesem besonderen Ort verzögert haben, wie wir noch an der Ponte di Santa Croce Rast gemacht haben und dann ganz bewusst, aufgeregt und langsam den Hügel zum oberen Stadttor hinaufgestiegen sind. Und wir erinnern uns an die Begeisterung beim Betreten des Stadttores und beim Anblick der wunderbaren Basilika mit den zwei großen Toren. Neben der Freude anzukommen, das Ziel zu erreichen, hat sich auch – und das konnten wir beide gut spüren – ein Stück Traurigkeit darüber eingestellt, dass mit der Ankunft auch unser gemeinsamer Weg nach Assisi zu Ende ging. Wir haben erfahren, dass für uns der Weg schon das Ziel war und dass wir in zahlreichen Begegnungen und wahren Räuschen am Weg nach Assisi die Gedanken des Franziskus stückweise verstanden und begriffen haben oder uns schon am Weg einverleiben durften. So war es dann für uns beide gar nicht leicht, in dieser mittlerweile so touristischen Stadt das zu erleben oder dem zu begegnen, was am Weg oft so deutlich spürbar war.

In der Stille der Mittagsruhe auf einer Steinmauer vor dem Kloster San Damiano sind wir dann zu zweit gesessen, ähnlich berauscht und dankbar, wie wir zwei Monate davor unser kleines Dorf im Waldviertel verlassen haben.

Mein Bruder Hans und ich haben diese »9 R« aufgegriffen und laden Sie ein, mit uns gemeinsam vom Risiko bis hin zum Rausch zu gehen, und hoffen, damit den einen oder anderen Impuls zu geben.

G.W.

mein Körper –
mein bester Coach

Zeit ist
ein Geschenk.

Natur

Ressourcen

Stille

Beziehung leben
— mit mir
— mit dir

Did you get it?

Ich wurde eingeladen, für die österreichische Imago-Gesellschaft einen Vortrag über Beziehung und Heilung zu halten. Diese Zuhörergruppe war für mich insofern eine ganz spezielle, als mir viele psychotherapeutische KollegInnen und auch mir wichtige Lehrtherapeuten zuhörten, was mich doch angespannter als sonst sein ließ.

Während des Vortrags – ich war gut in Verbindung mit den ZuhörerInnen –, beim Näherbringen einer mich bewegenden Geschichte, entstanden ein »Flow« und eine Beziehungsdichte, in der ich eine mir wichtige Botschaft hautnah vermitteln konnte.

An dieser Stelle wurde mein Vortrag spontan durch Applaus unterbrochen. Ich nutzte die Zeit, löschte, während die Zuhörer applaudierten, ein paar Folien am PC und strukturierte die verbleibende Zeit meines Vortrages. Als dann der Applaus wieder verstummte, zeigte eine von mir geschätzte Lehrerin auf und fragte mich:

»Did you get it?«

»What?«, war meine Gegenfrage.

»Did you get the applause?«, fragte sie nochmals.

»Of course, I got it. Thank you«, sagte ich.

Daraufhin stand die schon ältere Lehrtherapeutin, die mich schon lange begleitet hat, vor mir auf und sagte mir: »I don't think so, George«, und begann wieder zu klatschen und mit ihr das ganze Auditorium.

Jetzt erst verstand ich, was sie meinte, und voller Rührung nahm ich den vollen Applaus wahr und konnte auch vor vielen

Menschen meine Tränen nicht verbergen, weil mir in diesem Moment dank ihrer Hartnäckigkeit so deutlich wurde, wie oft ich die Ernte, die Wertschätzung in meinem Leben nicht vernommen, nicht gesehen, nicht angenommen habe.

»Gut ist nicht gut genug« und »es könnte ja noch besser sein«, schoss es mir durch den Kopf, während mir viele KollegInnen durch ihren Applaus signalisierten: »Georg, es ist genug, es ist gut so!«

Mit dieser Wertschätzung hat mich eine Gruppe von Menschen, mit der ich gerade gut in Verbindung war, an meiner eigenen Wachstumskante erwischt. Es waren in diesem Augenblick die Resonanz und die Kraft von vielen Menschen, die mich zum Loslassen ermutigten.

Wie viele Menschen werden täglich krank, weil sie funktionieren, statt in Beziehung zu sein? Wir alle brauchen Wertschätzung und wir brauchen es auch, uns selbst zu sehen in unseren Stärken. Wir wissen doch, dass Nicht-Wertschätzung und Nicht-gesehen-Werden von unserem Hirn ähnlich interpretiert werden wie ein körperlich zugefügter Schmerz, was in unserem Beziehungsverhalten zu anderen und zu uns selbst wieder Aggression und Ablehnung zur Folge hat.

Wenn wir nicht ernten, wenn wir Wertschätzung nicht annehmen und gut speichern können, bleiben wir immer Getriebene, unerfüllt, ständig mit der eigenen Unzufriedenheit hadernd und letztlich einsam.

»Du bist der beste Papa für unsere Kinder, und ich schätze es sehr, wie du dich auf sie einlassen kannst«, sagt Sonja sichtlich berührt ihrem Mann, der ihr in der paartherapeutischen Stunde gegenübersitzt und nur mühsam mit seinen Augen Kontakt halten kann.

»Ich höre, ich bin ein guter Vater«, wiederholt Thomas emotionslos und trocken. Ich frage Sonja, ob sie das Gefühl hat, ihr Mann Thomas habe sie gut gehört. Nun stammelt sie unter Tränen: »Der will mich ja gar nicht hören – genau das ist ja unser Thema.«

Nach ein paar Atemzügen zur Beruhigung ermutige ich Sonja, ihrem Mann nochmals jene Wertschätzung zu geben: »Du bist der beste Papa für unsere Kinder, und ich schätze sehr, wie du dich auf sie einlassen kannst.« Dabei ermutige ich Thomas, Sonja mit seinen Augen zu halten, damit sie mit ihm eine Verbindung aufbauen kann.

In Verbindung mit seiner Frau gehalten (die beiden sind bei mir in Paartherapie wegen einer Außenbeziehung von Sonja), kann sich Thomas nun erstmals – zumindest zu 50% – auf die Wertschätzung seiner Frau einlassen, den Kontakt besser halten, und er wiederholt: »Du schätzt, wie ich mich auf unsere Kinder einlassen kann.« Ich ermutige Thomas an dieser Stelle, seinen Groll und seine Enttäuschung und auch seine Verletzung einmal beiseite zu stellen und ganz da zu sein für die Botschaft von Sonja. In ihrem Ringen, von ihrem Mann gehört und verstanden zu werden, und in Thomas' Bemühen, die Wertschätzung seiner Frau zu hören, anzunehmen und ihr widerzuspiegeln, wird auch ein wesentlicher Teil der Beziehungsgeschichte dieses Paares deutlich.

Nach weiteren vier »Sendeversuchen« dieser Wertschätzung von Sonja für Thomas darf ich Zeuge sein, wie die Botschaft letztlich im Innersten von Thomas landen kann.

»Du sagst, ich bin der beste Papa *unserer* Kinder (und er betont das Wort »unserer« so, wie es Sonja auch getan hat) und du schätzt an mir so *sehr*, wie ich mich auf sie einlassen kann.« Diesen Satz von seiner Frau wiederholend, Wort für Wort, Betonung für Betonung, gelingt es Thomas endlich wieder, nach vielen Wochen des zermürbenden Rosenkriegs und der tiefen Einsamkeit, einen feinen Verbindungsfaden zu seiner Frau zu knüpfen. In tiefer Berührtheit hält er sich mit seinen Augen bei Sonja an, und er hält damit auch seine Frau, die nach langer Zeit der Abwesenheit von Thomas erstmals wieder 100%ige Präsenz von ihm wahrnehmen kann, das auch bestätigt und betont. Diese Präsenz kann sie auch in ihrem ganzen Körper gut spüren.

»Did you get it?«

Hast du meine Wertschätzung vernommen und dich darauf eingelassen?
Darfst du dich von mir berühren lassen und deine Berührtheit zeigen?
Bist du präsent genug, um meine Wertschätzung für dich auch zu hören und anzunehmen?
Kannst du hören, was ich an dir mag, ohne gleich wieder zu funktionieren?
Dürfen wir einander das Geschenk der Wertschätzung geben, und können wir es auch ohne Gegenleistung annehmen?

Applaus in unserem Leben kann doch so vielschichtig sein: Mein Enkelsohn, der mich anlacht und damit sagt: »Gut, dass du da bist!«, eine Umarmung, ein Lob, ein Danke, ein »ich seh' dich«, eine Anerkennung für ein erreichtes Ziel.

In Beziehung heilen setzt voraus, dass ich auch in der Lage bin, Wertschätzung zu nehmen, sie anzunehmen, aufzusaugen, um sie auch zur Verfügung zu haben in Situationen, die fordern, die mich an und über die Grenze bringen. Erst, wenn ich mit mir selbst wertschätzend sein kann und dies auch zulassen kann, dann kann ich diese Wertschätzung glaubhaft weitergeben und somit Heilung und Wachstum ermöglichen.

»Thank you, now I got it«, sagte ich beglückt, berührt, beschenkt und konnte den Vortrag in guter Verbindung zu einem guten Abschluss bringen.

G.W.

Ich hab' mich heute entschieden

diesen Tag bewusst
als ein Geschenk zu leben
Ich hab' das Licht gesehen
Ich hab' die Wärme gespürt
Ich hab' das Essen genossen
Ich hab' mich verzaubern lassen
Ich bin begegnet
und habe geliebt
Ich bin müde und zufrieden
Ich glaub's fast nicht
Ich kann's gut sein lassen!

G.W.

Mein Swimmingpool

Ich bitte Sie eingangs, keine der in dieser Geschichte erwähnten Metaphern misszuverstehen. Ehrgeiz, Ausbildung, Beruf, Reihenhaus und sogar die Hugo Boss-Unterhosen – wem's gefallen –, das alles kann gut, schön und stimmig und passend sein, aber auch eine Falle, wenn der notwendige, ergänzende, lebendige Teil in mir nicht Ausdruck finden kann.

Viele Krankengeschichten und Geschichten von gelungenen und blockierten Lebensjahren wurden uns im Rahmen unserer ärztlichen Tätigkeit schon anvertraut und Wünsche nach persönlicher Entwicklung und Veränderung geäußert.

Wenn wir in Beziehung sind, in diesem Fall in einer therapeutischen Beziehung, können wir uns auch trauen, Dinge anzusprechen und Gefühle zuzulassen, zu denen wir alleine oft nicht den Zugang haben. Dadurch können Wege beschritten werden, die Lösungs- und Entwicklungsmöglichkeiten eröffnen, damit Krankheitsbilder verstanden werden und Heilung gelingt.

… neues Auto im Modetrend, schwarz oder weiß, passend die Brille, das T-Shirt, Frisur, Hugo Boss-Unterhose, Sneakers, ohne Socken, flott, dynamisch, Beziehung oder keine, Familie ja oder nein, Job passt, gute Work-Life-Balance, drei Mal pro Woche Fitnessstudio, Networking, lachen und braun gebrannt.

… gut behütetes Elternhaus, optimal gefördert, brav in der Schule, Matura, Studium ja oder nein, Reihenhaus, alles passt, auch der Druck, auch das Getaktetsein in Rückzahlungen, Urlaub buchen, Stundenplan der Kinder, Reparatur des Geschirrspülers, neuer Flatscreen, Handy, Geschenke für den runden Geburtstag aussuchen, Einladungen – Pflicht oder freiwillig.

Alles läuft und trotzdem manchmal diese Leere, dieser Energieverlust, Schlafstörungen, Infektanfälligkeit, Gastritis, Wirbelsäulenbeschwerden, Burn-out, Unfälle, Verletzungen …

»Was macht Sie denn zufrieden?«, frage ich, »und wo können Sie ganz Sie selbst sein, in voller Begeisterung leben und selbstvergessen Ihres tun?«

Dann oft Stille, Betroffenheit.

»Das ist schon lange her«, die Antwort.

Dazu fällt mir ein: Ganz im Trend und manchmal doch vorbei am Leben. Trend ist oft gut und schön, aber auch nur dann passend, wenn es aus einem selbst heraus entschieden, aus dem eigenen Echtsein heraus gelebt wird. Dann passt ja meist auch alles.

»Wonach haben Sie denn Sehnsucht?«, frage ich.

»Dass ich aus der Energielosigkeit wieder herauskommen kann, mich für etwas voll und ganz begeistern kann, kraftvoll und gut, und dass ich diese lästigen Beschwerden loswerde.«

»Wann war es denn gut für Sie?«

Der Patient denkt nach – Stille.

Ich frage nach: »Erzählen Sie von Ihren Sehnsüchten, Vorbildern, egal, ob Sie diese als Kind, in der Pubertät oder im Erwachsenenalter hatten.«

Er verschränkt die Arme, schlägt die Beine übereinander und schaut an mir vorbei an die Zimmerdecke.

»Darf ich Sie um etwas bitten?«, frage ich.

»Ja, natürlich«, die Antwort.

Ich setze mich vis-à-vis, frage, ob der Abstand für ihn so passend sei, und bitte ihn, sich ganz bequem hinzusetzen.

Ich beginne mit einer Zentrierung, um ihn herauszuholen aus seinem Alltag und ihn in eine Stimmung zu führen, die gut für ihn ist. Er kann sich entspannen und kommt in guten Kontakt mit sich selbst.

»Wo sind Sie jetzt gerade?«, frage ich.

»Ich bin 18, habe eben die Matura geschafft und hänge mit drei Freunden in einem Pub in London herum. Es ist während unserer kleinen Maturareise – nur zu viert – nach einem coolen Konzert. Tolle Musik im Lokal, angedudelt vom Bier und fantastische Stimmung.«

»Erzählen Sie weiter«, muntere ich ihn auf, »und bleiben Sie in diesem Bild.«

»Wir sprechen gerade darüber, dass wir vier zusammenbleiben wollen, eine Band gründen und ein High Life erleben wollen.«

»Bleiben Sie in diesem Bild«, sage ich.

Er schaut mich an, bleibt in Kontakt mit mir, beugt den Oberkörper nach vorn, stützt die Ellbogen auf die Knie und sagt: »High Life eben«, und lacht, »cool unterwegs sein, Spaß haben und – leben halt.«

»Und wie ist die Geschichte weitergegangen?«, frage ich.

Er sieht mich an, der Blick wird traurig, die Augen ein wenig feucht, er fasst sich aber rasch wieder, lehnt sich zurück, schlägt wieder die Beine übereinander, zeigt sein freundliches, aber beherrschtes Lächeln und sagt: »Wir waren dann noch auf ein oder zwei Konzerten gemeinsam, dann haben wir zu studieren begonnen, Sie wissen ja, man muss schon gut sein heute, um weiterzukommen.«

»Und dann haben Sie sich beruflich und privat gut etabliert und ein gutes Leben gelebt«, setze ich fort, »und jetzt sind Sie da.«

»Ja, genauso ist es. Eigentlich geht es mir ja gut!«

»Wenn diese Energielosigkeit und die Beschwerden nicht wären«, ergänze ich.

Ich zeichne ihm ein kleines Bild, einen Kreis, das Leben ist ja irgendwie ein rundes Ding, und ziehe für jede seiner Eigenschaften, die ich in ihm vermute, eine Linie im Kreis.

»Sie übernehmen gerne Verantwortung, auf Sie kann man sich verlassen, was Sie anfangen, machen Sie auch fertig, Sie sind zielorientiert, haben ein hohes Leistungsniveau, Familie und Kinder haben eine hohen Stellenwert, Sie gehen sehr überlegt an die Dinge heran, Sie sind kommunikativ und schätzen Ihre Freunde, Familie und Mitarbeiter.

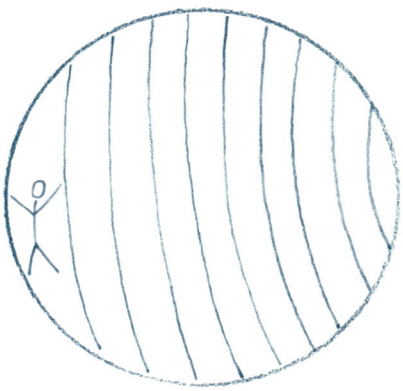

Wenn ich noch weiter aufzähle, dann ist der Lebenskreis bald voll. Aber ich stoppe hier jetzt absichtlich, damit noch ein kleines Feld überbleibt.

All diese Eigenschaften sind gut und haben Ihnen auch ein gutes und erfolgreiches Leben beschert. Ich vergleiche den runden Kreis gerne mit einem Swimmingpool, und Ihre guten und erlernten Eigenschaften überziehen Ihren Lebenspool wie eine schützende Abdeckplane. Und das Feld, das übrig geblieben ist, ist der andere Teil von Ihnen, der 18-Jährige in einem englischen Pub, die noch nicht gelebten Sehnsüchte, Ihre Lebendigkeit, Kreativität, Leidenschaft und rauschvollen Anteile.«

»Worauf wollen Sie denn hinaus?«, werde ich gefragt.

»In Wien gibt es ein altes Lied«, sage ich, »das heißt: ›Den Wurschtel in mir kann keiner erschlagen!‹ Vielleicht meldet sich jetzt dieser Wurschtel in Ihnen. Es ist so gut, dass Ihr Wurschtel noch lebt. Die chinesische Tradition nennt das nobler als ich, die nennen es nicht ›Den Wurschtel in mir kann keiner erschlagen‹, sondern Yin-Yang in seiner kosmisch gewundenen Form.«

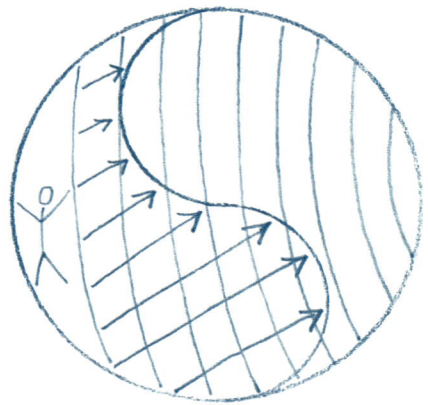

»Vielleicht ist es an der Zeit, auf Ihre blockierte Lebendigkeit
zu schauen, vielleicht ist ein Teil Ihrer Befindlichkeitsstörung
durch zu viel Anspannung, durch zu wenig Ausgleich bedingt.
Vielleicht kann ich Sie im Rahmen Ihres Heilungsprozesses dabei unterstützen und begleiten, die Folie Ihres Lebenspools in
die mittlere Grenzlinie zu schieben.

Ich werde Sie gewissenhaft untersuchen und behandeln, wo
es notwendig ist, Ihnen aber auch helfen, Ihre einzigartige Per-
sönlichkeit in ihrem Entwicklungs- und Wachstumsprozess wie-
derzuentdecken.

Die einzige Konstante im Leben ist die Veränderung. Und wie
wir mit Veränderungsprozessen umgehen, oder auch nicht, wird
unser Gesundbleiben und Krankwerden mitbestimmen.

Sie sind an einem spannenden Lebensübergang angekommen.
Ihr Körper signalisiert es Ihnen. Hören Sie auf Ihren Körper! Ich
wünsche Ihnen den Mut und die Risikobereitschaft, Ihre Schutz-
folie schrittweise zurückzudrängen, damit es Ihnen wieder gelingt, Ihre Sehnsüchte zu leben und sich in Ihrem Lebenspool
frei bewegen zu können.

Spüren Sie schon Möglichkeiten und Wünsche, wie Sie Ihre
Folie wieder korrigierend zurückschieben können?«

»Ja, ich möchte Musik machen, echte Freunde einladen und Leben in mir spüren. High Life eben, wie damals im Pub, als ich 18 war.«

»Ich kann Sie nur ermutigen, diesen Weg zu gehen, und Sie werden sehen, dass Ihr so gut entwickelter anderer Teil Ihres Lebens noch stimmiger und klarer wird.«

Das Leben bietet uns immer wieder die Chance, manchmal leider auch auf schmerzliche Weise, zu erkennen und auszugleichen, was durch Lebensgewohnheiten und scheinbare »Notwendigkeiten« aus dem Lot gekommen ist.

H.W.

Zeitlos

Jetzt
leben
augenblicklich
den Augenblick leben
sehen
was
die Augen erblicken

G.W.

Herzbotschaft

Herr Josef M. ist 56 Jahre alt. Ich kenne ihn seit Jahren als Bluthochdruckpatienten mit Übergewicht und beruflicher Dauerüberlastung. Diesmal klagt er in der Ordination über Druckgefühle in der Brust, auch über immer wieder auftretendes Stechen in der Herzgegend, was ihm natürlich Angst macht. Das durchgeführte EKG mit Belastungs-EKG ist außer Ausdauertrainingsmangel und Blutdruckanstieg unter Belastung weitgehend unauffällig, auch Herzultraschall und Laborwerte sind – wie in der Medizin so schön gesagt – ohne Befund. Aber der Druck in der Brust wird bei Herrn M. nicht leichter, weshalb ich ihm ergänzend zur diätetischen Behandlung und Blutdruckeinstellung zusätzlich physikalische Therapie empfehle, was ihm prinzipiell gut tut, ihm aber nicht den Druck in der Brust nimmt.

»Darf ich Sie zu einer etwas verrückten Reise einladen?«, frage ich Herrn M., als er mir – er hat alle Impulse und Therapien so gut es ging befolgt – wieder einmal über den Druck klagend gegenübersitzt. Herr M. ist IT-Techniker, ein durch und durch analytischer Typ, am besten mit *hard facts* und Zahlen zu überzeugen, weshalb ich die Reise, die ich mit ihm vorhabe, vorweg schon als »verrückt« bezeichne.

Er stimmt zu und legt sich bequem auf einen Futon in meinem Praxisraum – Schuhe ausgezogen – Brille abgenommen – Gürtel gelockert – Handy im Flugmodus – eine Knierolle und viel Ruhe, die Fenster sind offen und ich leite ihn an, in der Stille von Pernegg mit tiefer und langer Ausatmung zu entspannen. Meine Hände halten seinen Kopf und gehen dabei ganz leicht mit der

Atmung mit. Ich ermutige ihn, seine »Hand aufs Herz« zu legen und dorthin zu atmen, während die andere Hand im Rhythmus der Atmung am Bauch liegend schaukelt. »Und jetzt«, so ermutige ich ihn, »machen Sie eine Reise in Ihr Herz, das zirka so groß wie Ihre Faust ist und seit 56 Jahren in Ihrem Brustkorb klopft. Schauen Sie sich genau um in Ihrem Herzen, welche Farbe ist da vorherrschend, ist es drinnen warm oder kalt? Sie wissen ja, in Ihrem Herzen gibt es zwei Vorzimmer und zwei Kammern, und während Sie so durch Ihr eigenes Herz wandern, entdecken Sie in einer der Kammern Ihre persönliche ›Herzbank‹, genauso, wie es ein ›Hausbankl‹ gibt, gibt es nämlich auch eine Herzbank, und wenn Sie die entdecken, dann schauen Sie ganz genau und neugierig hin, wer auf Ihrer Herzbank sitzt, wer die Menschen sind, die in Ihrem Herzen einen ›Dauerparkbonus‹ haben.

Gehen Sie ruhig und aufmerksam vor Ihrer Herzbank auf und ab und schauen Sie sich die für Sie so wichtigen Herzmenschen genau an! Wer sitzt denn auf dieser Herzbank und blinzelt in die Sonne ihres Lebens?

Gehen Sie in Verbindung mit diesen Herzmenschen, von welchen Augen und von wem werden Sie gerade jetzt und wie angeschaut? Da können auch Menschen sitzen auf Ihrer Herzbank, die nicht mehr leben, aber trotzdem ganz wichtig waren oder auch noch immer wichtig sind in Ihrem Leben. Vielleicht sind da so viele Menschen in Ihrem Herzen, dass Sie eine zweite Herzbank benötigen, sozusagen eine zweite Reihe, wer sitzt in der ersten und wer sitzt in der zweiten Reihe?«

An der Atmung und seinen Emotionen kann ich spüren, dass Josef intensiv mit seinen Herzmenschen in Kontakt getreten ist, und so lade ich ihn zum zweiten Teil seiner Reise ein. »Ihre Herzmenschen, die Sie jetzt sehen, haben Ihnen eine Botschaft geschrieben auf einen kleinen Zettel, umrahmt von einem kitschig goldenen Bilderrahmen, und irgendwo in Ihrem Herzen hängt dieses Bild an der Wand. Gehen Sie ganz achtsam durch Ihr eigenes Herz, bis Sie das Bild mit goldenem Rahmen entdecken, und dann lesen Sie genau Ihre Herzbotschaft, die beginnt mit: ›Josef, was wir dir wünschen, ist …‹ Lassen Sie sich mit dem Lesen Zeit, Ihre Herzmenschen haben die Botschaft in einem einzigen kompakten Satz formuliert: ›Josef, was wir dir wünschen, ist …‹«

Josef kann die Botschaft lesen, es ist gut spürbar, wie sein ganzer Körper reagiert, wie der sonst starre Brustkorb weicher und beweglicher wird, und unter tiefen Seufzern, die sich jetzt entladen, und in tiefer Verbundenheit formuliert er seine Herzbotschaft: »Josef, wir wünschen dir, dass du besser auf dich aufpasst!«

Josef braucht noch einige Zeit, um die Reise gut abzuschließen und seinen selbst geborgenen Schatz, seine Herzbotschaft, gut zu verankern. Diese Reise war für Josef ein Schwellenerlebnis, und er spürte auf einmal ganz genau, dass er alles zur Verfügung hat, was er braucht, um den notwendigen Veränderungsprozess, aus seiner Dauererschöpfung herauszugehen, einzuleiten. Der Herzwunsch »… dass du gut auf dich aufpasst!« ist sein Motto, um sein altes Überlebensmuster der chronischen Erschöpfung zu verlassen. Verbunden mit sich und seinen Herzmenschen hat er die Kraft, zielorientiert für sich zu sorgen.

Um nicht wieder in alte Gewohnheiten zurückzufallen, hat Josef für sich beschlossen, sich regelmäßig Unterstützung und Begleitung zu gönnen. Im Laufe dieses Prozesses wurde Josef nicht nur körperlich, sondern auch sich selbst gegenüber wieder beweglicher, er konnte Starrheiten in seinem Hamsterrad-Leben lösen, er bekam mehr Raum zum Leben, mehr Luft zum Atmen und konnte den Druck in seinem Brustkorb langsam lösen. Aus dem müden, aus Ängsten so »fleißig« gewordenen Josef wurde wieder ein lebendiger, kreativer Mann, der sein Leben, seine ersehnten Freiräume, seine Familie und Freunde genießen konnte.

»… aus der Hamsterperspektive
schaut das Laufrad
wie eine Karriereleiter aus …«

G.W.

Kümmern und lieben

Wenn ich mich
um dich kümmere
bekümmere ich dich
und trau' dir nicht zu

Wenn ich dich
verwöhne
dann lieb' ich dich
und wir wachsen gemeinsam

G.W.

Anam Cara –
dein Seelenfreund

»… und wer ist dein bester Freund?«, frage ich oft im Rahmen von Ordinationsgesprächen, wenn es darum geht, heilsame Ressourcen zu aktivieren.

»Du fragst nach dem besten Freund?«

»Ja, wer ist denn dein bester Freund?«, frage ich nach.

Dann oft stille Betroffenheit.

Ich höre dann von vielen Freunden, Urlaubsfreunden, Arbeitsfreunden, privaten Freunden, aber einem besten Freund?

Viele Freunde auf Facebook und trotzdem allein.

Ich erlebe oft Menschen, die immer wieder »beste« Freunde kennenlernen, fast wie im Rausch, in Bedürftigkeit nehmend, verschlingend und rundherum vergessend, was da ist.

Nein, diesen »besten« Freund, den meine ich nicht.

Auch nicht den, der schnell, meist zu schnell, als Partner, als mein Lebenspartner bezeichnet wird.

Kennengelernt vor kurzem erst, Verliebtheit, Begehren, zwei Seelen im Gleichklang, erfüllend und schön.

Scheinbar, könnte sein.

Oft wird übersprungen, was gar nicht übersprungen, sondern nur gelebt, geliebt werden kann.

Freundesliebe braucht Zeit – so viel Zeit!

Manchmal wird übersprungen – vom Unbekannten gestern noch – zum besten Freund, zum Lebenspartner heute.

Bedürftigkeit ist es oft, die überspringen lässt, was niemals übersprungen werden kann.

In meiner beruflichen Tätigkeit habe ich viele Menschen erlebt, die immer wieder solche verliebten Räusche erlebt haben, »der ist es jetzt«, mit viel Hoffnung und Freude, und dann immer wieder, meist in der Nüchternheit nach dem Rausch, enttäuscht, verletzt und wieder einsam zurückblieben.

John O'Donohue schrieb das wunderschöne Buch »Anam Cara, der Seelenfreund«*. Ein Anam Cara kann ein Lebenspartner sein oder auch einfach nur ein Freund, *der* Freund.

»Der Anam Cara, der Seelenfreund, ist ein Mensch, dem wir die intimsten Geheimnisse unseres Lebens anvertrauen können. Diese Beziehung ist geprägt durch Anerkennung und tiefes Zugehörigkeitsgefühl. Es ist eine Freundschaft«, so schreibt O'Donohue, »die sich über alle Grenzen der Konvention und Moral und begrifflichen Kategorisierung hinwegsetzt. Wir sind auf eine urtümliche und ewige Weise mit dem Freund unserer Seele verbunden. Ein Freund ist ein geliebter Mensch, der unser Leben erweckt und die in uns eingeschlossenen wilden Möglichkeiten freisetzt.«

Freunde sind füreinander Ermöglicher, um die einmalige Welt, die jeder in sich trägt, leben und kreativ gestalten zu können.

Mein Anam Cara kann mir helfen, in mir entstandene und immer wieder neu entstehende, störende, fixierte Bilder zu lösen, um wieder frei und realsichtig zu werden.

Lange Zeit habe ich nicht verstanden, was es heißt: »Du sollst dir kein Bild machen!« Heute verstehe ich es, und mein Anam Cara hilft mir, manchmal sogar im freundschaftsbedrohenden Widerstand, solche Bilder zu zerbrechen, damit Raum entstehen kann für neue Freiheit, neue Einsichten und Entwicklung.

Mein Freund kann mir helfen, mich aus Verstrickungen, meist entstanden aus alten Erlebnissen und Verletzungen, zu befreien. Mit meinem Anam Cara kann ich streiten, mich versöhnen, Geduld habend und vertrauend, weil er mein Freund ist!

---

* John O'Donohue, *Anam Cara. Das Buch der keltischen Weisheit*, München: Deutscher Taschenbuchverlag, 18. Auflage, 2009.

»Viele von uns haben zwar einen Anam Cara«, so schreibt John O'Donohue, »sind sich aber seiner nicht wirklich bewusst. Der Mangel an Achtsamkeit verschleiert oft die Gegenwart dieses Freundes, und oft macht uns ja erst der Verlust auf das, was da war, aufmerksam. Achtsam geworden, können wir plötzlich entdecken, dass der Anam Cara, nach dem wir uns schon immer gesehnt haben, direkt neben uns steht.«

Ein Anam Cara ist ein Geschenk des Lebens, vielleicht sogar eines der größten Geschenke! Und wenn ich so ein Geschenk bekomme, dann möchte ich damit ganz achtsam umgehen, diesem Geschenk einen ganz besonderen Platz in meinem Leben geben.

Persönlich habe ich nur wenige beste Freunde und von diesen wenigen sind ganz wenige meine Anam Caras.

Manchmal nehmen mir Unruhe, Stress und alte Überlebensmuster die Möglichkeit, mit meinem Anam Cara in Resonanz gehen zu können. Wenn ich nicht in Resonanz gehen kann, dann schwindet auf einmal der Raum der vertrauten Freundschaft, und ich tappe herum, um diesen Raum wieder zu finden. Manchmal sogar mit Vorwürfen gegenüber dem Freund, weil ich für mich selbst die Energie nicht habe, die Resonanz in mir zu mobilisieren.

Meinen Anam Caras bin ich meist auf »unerklärliche« Weise »zufällig« begegnet, und beide spürten wir, dass der andere jene Ergänzung hat, um ganz zu werden, und dass wir die Fähigkeit füreinander haben, dem anderen gut sein zu können, jene Fähigkeit, damit alte Verletzungen ausheilen können.

Wie schreibt Goethe? »Ein liebender Mensch sieht den anderen nicht so wie er ist, sondern so wie er sein könnte.« Also mit all seinen Potenzialen, auch dann, wenn diese durch unerklärliche Blockaden gehemmt werden – oft viele Jahre, vielleicht sogar Jahrzehnte hindurch!

Jede Freundschaft, auch so tiefe Seelenfreundschaften wie die des Anam Cara, ist zerbrechlich und läuft Gefahr zu kippen, wenn man einander das – meist unbewusst – Ersehnte noch nicht geben kann.

Dann können auch gute Freunde vorwurfsvoll werden und einander ihre meist unangenehmen Überlebensmuster zeigen. Dann können Freundschaften bedroht sein, und oft zerbrechen daran – meist völlig unnötig – tiefe Freundschaften und wundervolle Partnerschaften.

Ein Merkmal tiefer Freundschaft ist, dass neben den gemeinsamen Höhenflügen der Leichtigkeit, der Freude, des Glücks auch Krisen bewältigt werden können, so wie das Leben halt spielt.

Im Widerstand, in der Schwäche und in alten Verletzungen liegen die Fallen, auch für starke Freundschaften, und zugleich bieten sie die große Chance, heil und ganz zu werden.

In solchen Situationen ist Treue, Freundestreue gefragt, um dem anderen, der drin steckt in seiner Krise, jene Ressourcen geben zu können, die dessen Verletzungen heilen können.

Das können echte Durststrecken sein, die der treue Freund erträgt. Wie sehr bin ich meinen Anam Caras dankbar, die mich in solchen Situationen ertragen und mit mir diese Krisen durchgestanden haben!

In meinen Freundschaften war mir in schweren Situationen jene Sicherheit hilfreich, dass mein Freund im entscheidenden Moment für mich da ist und dadurch heilsam werden kann.

Damit dies gelingt, braucht es Zeit, Achtsamkeit, Zuwendung und gute Schutzräume.

Da helfen Rituale, Gesten, Aufmerksamkeiten oder auch regelmäßige Treffen, selbst dann, wenn solche Treffen in Zeiten der Krise für den einen der beiden gar nicht so schön und angenehm sind.

Dann helfen Schutzräume, um dem Freund zuhören zu können, mit der Absicht, den anderen wirklich zu verstehen. Besonders in angespannten Situationen glauben wir dem anderen zuzuhören, aber in Wirklichkeit sind wir innerlich schon mit der Antwort beschäftigt oder haben sie schon fertig, bevor der Freund ausgesprochen hat.

Das Zuhören verlangt dann, dass ich meine meist rechtfertigenden, verteidigenden Antworten und Reaktionen beiseite stelle, um den Freund, der ja seine Geschichte erzählt, hören zu können.

Im Zuhören entsteht erst jenes Verstandenwerden, das wir besonders in Krisenzeiten dringend benötigen!

Wie oft werden aber genau in diesen Situationen resonanzlos Ratschläge erteilt?

Wenn mein Freund aber mit mir in Resonanz geht, und seines – vorläufig – beiseite stellt, entsteht jenes Verstandenwerden, das Heilung im tiefsten Sinn des Wortes ermöglicht.

Meine besten Freunde, meine Anam Caras, sind für mich deshalb so wertvoll, weil wir uns voreinander nicht verstecken oder genieren müssen und einfach so sein können, wie wir wirklich sind, auch in unseren Schwächen und Überlebensmustern. Der Anam Cara spürt intuitiv, dass in der Schwäche des Freundes eigentlich dessen größte Stärke zu finden ist, wenn es ihm gelingt, die Verletzungen heilen zu lassen.

Das Schönste und auch Wichtigste, was ich in meinen Anam-Cara-Beziehungen entdeckt habe, ist das gemeinsame Feiern!

Denn den Großteil unseres Lebens befinden wir uns ja Gott sei Dank nicht im Aufarbeiten von alten Verletzungen, sondern – und das wünsche ich allen – in kräftiger Lebendigkeit.

H.W.

Mein Freund Alex

Die zweitwichtigste Ressource nach unserem Körper in seiner Leib-Seele-Einheit sind die Beziehungen, die wir leben.

»Erzählen Sie mir über Ihre Zufriedenheiten in Ihren Beziehungen! Wer ist der Mensch, der Ihnen am nächsten, am vertrautesten ist, und was schätzen Sie an ihr oder an ihm? Gibt es einen besten Freund, eine beste Freundin?«

Das sind essenzielle Fragen in unseren medizinischen Erstgesprächen im Sinne der Integrierenden Medizin. Antworten auf diese Fragen haben für uns oft mehr Bedeutung fürs Gesundsein als der ideale Body-Mass-Index oder der richtige Cholesterin-HDL-Quotient.

Auf die Frage nach dem »besten« Freund werden oft besonders Männer traurig und stellen resigniert fest, dass sie dafür schon lange keine Zeit mehr hatten. Keine Zeit zu haben spiegelt oft Ohnmacht und Hilflosigkeit wider. Vielmehr geht es darum, wie wir die uns geschenkte Lebenszeit gestalten, welche Prioritäten wir setzen. Definitiv verhindert das Zeitthema oft die Gestaltung unserer zweitwichtigsten Lebensressource, unserer Beziehungen!

Über dieses Thema nachdenkend fällt mir einer meiner ältesten und besten Freunde, Alex, ein, und mein Brief an ihn – so denke ich – macht in vielen Bildern deutlich, wie lehr- und hilfreich eine Freundschaft auf dem Weg durchs Leben sein kann, uns immer wieder aus der Starre in die Lebendigkeit führend.

Lieber Alex!

Dir widme ich gerne diesen Text über Ressourcen, gerade und besonders dir, du kritischer Geist! Du bist ein echter Freund, ein treuer, und das schon seit fast 50 Jahren.

Ich weiß noch, wie ich dir erstmals begegnet bin, siebenjährig bei den Pfadfindern, damals noch Wölflingen. Du hattest damals schon deine ganzen Hemdsärmel voller Spezialabzeichen, ich hatte gerade drei, und damals schon hast du nicht damit geprotzt, sondern hast mir so manches erklärt und mir geholfen, auch das eine oder andere Spezialabzeichen zu erwerben. Unsere Väter hatten ähnliche Kriegsgeschichten und Traumata, und ähnlich wurden wir auch geprägt, als Söhne von Männern, die als 16- und 18-Jährige in den Krieg geschickt worden waren – schulklassenweise! Wie habe ich mit dir gelitten, als dein Vater dich vor mir bloßgestellt hat, und auch du wurdest Zeuge meiner oft so harten Erziehung.

An dir habe ich von Anfang an deine analytische Begabung geschätzt, deine Fähigkeit zu differenzieren, und tue das auch heute noch. Mittlerweile schätze ich auch deine sarkastischen Fragen, mit denen du mich immer wieder provozierst, wenn ich zu emotional argumentiere. Du hast mit mir fürs Medizinstudium Physik gelernt, und du hast mich zur Magenspiegelung begleitet, als ich mir – typisch Medizinstudent – in unserem ersten Praktikum im Krankenhaus einen Magenkrebs eingebildet habe.

Du bist seit vielen Jahren schon mein Freund, eine meiner wirklich wichtigen Ressourcen. Du warst der Erste, dem ich meinen Sohn – neugeboren – anvertraut habe, und du bist verrückt genug, auch im Winter bloßfüßig zu gehen. Du tust so viel und so Gutes – unspektakulär und bescheiden –, hast schon manchen Text von mir gnadenlos zerpflückt, und wenn du deine Berührtheit auch nicht leicht zeigst, ich kann sie spüren. Du bist mir Korrektiv und immer wieder ein wertvoller Spiegel, und es tut gut, mittlerweile auch zu erleben, wie sich unsere Kinder mögen.

Du bist mir nach Afrika nachgereist und hast dort in einem mir wichtigen Projekt Dialog wieder ermöglicht, wo ich abbrechen wollte, du hast viele heikle Begegnungen klar und wertschätzend moderiert, an den Stellen, wo ich es nicht mehr konnte. Du warst plötzlich da und gabst mir Halt beim Begräbnis meines Vaters – du bist ein treuer Freund.

Ich bin dir dankbar, dass wir uns immer wieder die Zeit nehmen für unsere Beziehung, fürs Beisammensein, fürs Miteinander-Wachsen und -Lernen, für das Lachen und Trauern, für das Eingestehen unserer Ratlosigkeit, für gepflegte Festräusche – auch wenn du immer nur mir zuliebe einen Schluck Wein trinkst, so kompensiere ich gerne deinen Teil.

Mit dir ist »Verrückt-Sein« möglich, so wie du spüre auch ich vieles, was in dir vorgeht. Ich weiß, wie sehr dir Marmeladenbrote schmecken und starker, schwarzer Tee, ich weiß um dein Tempo, wie lange du brauchst, und ich weiß auch um meines, indem ich mich oft selbst überhole. Wir sehen uns an und spüren, begreifen uns über die Jahre auch ohne Worte.

Wir pflegen beide diese Freundschaft, eine Beziehung ohne Konkurrenz, du bist mein Freund, weil ich mit dir nicht rivalisieren muss, nicht kämpfen, du bist einfach da, und ich will es auch sein, wenn du mich brauchst.

Ich verstehe deine Sprache, auch wenn sie manchmal nicht wortreich ist. Dein Schweigen im richtigen Moment hat mich mehrmals beschämt, oft nachdenklich, sicher vorsichtiger gemacht. Danke dafür.

Du bist einer, der mir Sicherheit gibt in meinem Beziehungsnetz, ganz nahestehend, und diese Zeilen schreibend, bin ich so dankbar, dich als Freund zu wissen. Du hast mich schon oft aus meinem Überlebensmuster in die Lebendigkeit geführt, danke auch dafür.

G.W.

Bruder – Freund

Bruder – Freund
Freund und Bruder
Gemeinsames Nest
Ähnlich die Gaben
Und auch die Verletzungen

Gemeinsam gestalten
Menschen begleiten
Fragen und lernen
Und langsam verstehen

Bruder – Freund
Freund und Bruder
Helfen und helfen lassen
Verstehen wollen und verstanden sein
Einfach lassen

Zum Sein hin wachsen
Gemeinsam
Das Haben lassen
Kritisch fragen und prüfen
Gemeinsam statt einsam
Bestärken und stark sein lassen

Bruder – Freund
Freund und Bruder
Gemeinsames Nest
Feiern wir ein Brüder-Fest!

G.W.

Die (verpasste) Ernte

»Mein Mann hat nie Zeit für mich, immer ist er weg. Wenn er nicht arbeitet, dann ist er in einem seiner Vereine.« So hat Frau M. – ich will sie hier Maria nennen – immer wieder bei mir in der Ordination geklagt. Alle zwei Jahre bei der Gesundenuntersuchung habe ich ihr die Frage gestellt, was sie denn an ihrem Mann, mit dem sie zwei gesunde Kinder in die Welt gesetzt und ins Erwachsenwerden begleitet hat, zufrieden macht. Maria tat sich immer sehr schwer zu sehen und zu formulieren, was sie an ihrem Mann schätzen konnte, weil ihr Fokus zu sehr auf seine Fehler und Schwächen gerichtet war – sie konnte nie sehen, was ihnen beiden alles gemeinsam gelungen ist, und so konnte sie auch keine Zufriedenheiten über ihren Mann formulieren. Ihr Mann wiederum reagierte wie die Mehrzahl der Männer, wenn sie angegriffen werden. Je mehr Maria jammerte und ihren Unzufriedenheiten über ihn Platz gab, umso mehr zog er sich »schildkrötenartig« zurück, umso länger blieb er in der Arbeit, in den Vereinen oder in Freundes- und Männerrunden. »Zu Hause höre ich sowieso nur, wie unmöglich ich bin!«, hat er mehrmals in der Ordination geklagt, »also hab ich's auch gar nicht mehr so eilig, nach Hause zu kommen.«

So haben die beiden über Jahre dahingelebt, sie mit Angriff und er mit Rückzug. Je mehr er sich zurückgezogen hat, umso mehr hat Maria gejammert, und sie konnten in diesem Machtkampf letztlich viel zu wenig würdigen, was ihnen gemeinsam geschenkt worden ist und was ihnen bisher gelungen ist.

Bis Maria eines Tages geschockt vor mir in der Ordination

stand und mir unter Tränen mitteilte, dass ihr Mann bei einem Verkehrsunfall tödlich verunglückt war.

Ich habe Maria in dieser schwierigen Phase ihres Lebens begleitet und ihr geholfen, mit der Trauer umzugehen. Was aber auffiel, war, wie sehr Maria jetzt das Schöne und Gelungene im Leben mit ihrem Mann sehen konnte, wie sehr er ihr jetzt abging, und wie schön es doch gewesen sei, als ihr Mann noch gelebt hatte, wie er zwar viel weg war und beruflich sehr engagiert, aber wie sie doch gemeinsam viele Feste gefeiert und Freude mit den Kindern hatten.

Zu Lebzeiten ihres Mannes hat Maria leider hauptsächlich gesehen, was nicht so gut gelaufen ist zwischen ihnen. Hat sie doch eher das Problematische fokussiert und bejammert – aber erst jetzt, da er verstorben war, konnte sie auch das Schöne sehen, was sie alles mit ihm durchleben konnte.

»Erzählen sie mir mehr von dem Schönen, das sie mit ihrem Mann erlebt haben«, lade ich Maria ein. Unter Tränen, aber auch mit einem Lächeln dabei, erzählt sie von so manchem schönen Erlebnis, von Urlauben, davon, wie er mit den Kindern gespielt hat oder auch davon, wie er immer wieder kleine Überraschungen für sie hatte.

Im Gespräch ermutige ich Maria, in ihrem gemeinsamen Lebenspanorama mit ihrem Mann die Berggipfel zu beleuchten und nicht nur in die Täler zu schauen, um jetzt das zu ernten, was da war und erlebt wurde in der gemeinsamen Zeit mit ihrem Mann.

Mehrere Wochen danach kommt Maria mit einem Buch zu mir und erzählt mir begeistert, wie sie gemeinsam mit den Kindern Bilder aus der Zeit mit ihrem Vater und Partner ausgesucht hat, wie sie dabei gelacht, aber auch geweint haben und wie Maria beim Aussuchen und Einkleben der Bilder spüren konnte, wie sehr ihr Mann mit dabei war.

»Da habe ich ihn mehr gespürt als zu Lebzeiten, und dieses Buch ist dabei entstanden. Heute kann ich sagen, es gab viele Täler und Krisen und Abwesenheiten, aber es gibt auch viele Gipfel in unserem Lebenspanorama, die ich nicht missen will, die ich paradoxerweise jetzt erst sehen kann und wofür ich jetzt auch sehr dankbar bin, dass ich dies alles mit ihm erleben konnte.«

Ich glaube, dass in unserer Gesellschaft Depressionen so rapide zunehmen, weil Schwäche und Schwachsein keinen Platz mehr haben – weil viele angehalten sind, »happy und leistungsstark zu funktionieren«, weil wir oft nicht in Beziehungen leben, in denen wir auch zu unserem Schwachsein und zu unserer Bedürftigkeit stehen dürfen, um vom anderen aufgefangen und getragen zu werden.

Oft ist es jener ständige Druck zur Perfektion, der Menschen ängstlich, einsam und letztlich krank machen kann. Es geht doch vielmehr darum, dass wir das Gute sehen und gut sein lassen können und nicht schon wieder ein Besser daraus machen wollen. Was uns krank machen kann, ist der ständige Optimierungs- und Wachstumsdruck, der dem guten Mittelmaß, dem Mittelmäßigen in unserer Gesellschaft kaum mehr Platz einräumt. Wir glauben dann, immer und überall noch besser sein zu müssen und laufen dabei Gefahr, am Leben, an den uns wichtigen Beziehungen vorbei zu leben, und vor allem nie das zu sehen, was wir haben, was schon gelungen ist.

Maria hatte vielleicht ein zu festgefahrenes Bild von einer idealen Partnerschaft, das beide aus verschiedensten Gründen nicht leben konnten, und so konnte sie auch nicht sehen, was ihnen zu leben möglich war.

»Was ist das, was sie aus der Geschichte mit ihrem verstorbenen Mann mitnehmen?«, frage ich Maria, während sie das dicke Buch voller Bilder auf ihrem Schoß hält. »Ich kann jederzeit die Ernte einholen und ich will das sehen können, was ist und gelingt und ich will Gelungenes genießen, und ich will das Schöne sehen und gut speichern wie einen Schatz, um dann auch die Kraft zu haben, mein Leben so zu gestalten, dass ich Brücken bauen kann oder auch die Kraft und die Ressourcen habe, so manches Tal zu durchschreiten, wissend, dass mein Leben nicht nur aus Gipfelsiegen bestehen kann. Ich will in jeder Begegnung mit meinen Kindern und Kindeskindern ein Stück meinen Mann erkennen und ihn bei mir wissen«, sagt sie und verlässt mit ihrem selbst endeckten Schatz die Ordination.

… und eigentlich stimmt meine Überschrift für die Geschichte jetzt nicht mehr. Maria konnte – verspätet – die Ernte einholen.

G.W.

Das Wertvollste

das ich dir
schenken kann
das wir uns
schenken können

ist die Zeit　　　　　*die Zeit*

die wir miteinander　　*achtsamer Liebe*
leben　　　　　　　　*inniger Verbundenheit*
erleben　　　　　　　*und*
genießen　　　　　　*vertrauensvollen Lösens*

die Zeit　　　　　　*die Zeit*

in der wir　　　　　　*in der wir*
miteinander　　　　　*einen heiligen Zwischenraum*
aneinander　　　　　*gestalten*
wachsen　　　　　　*einen Zwischenraum*
　　　　　　　　　　in dem Leben
　　　　　　　　　　leben kann
　　　　　　　　　　in vollem SEIN

G.W.

Vorbereitung – Nachbereitung

Wertschätzung

Wachstums-Schritte

Es braucht beides:
Herz und Hirn
– und auch
Beziehung

neue Wege gehen

Risiko

Herzklopfen

gemeinsam tun

die Komfortzone
verlassen

Ich hab' dich immer geliebt!

Gudrun kam wegen ausgeprägter, chronischer Kreuzschmerzen zu mir in die Ordination und war auf der Suche nach einer therapeutischen Möglichkeit, um ständiger Medikamenteneinnahme und einer bereits ärztlich angeratenen Verplattungsoperation an der Lendenwirbelsäule zu entgehen.

Ich erinnere mich an unsere erste Begegnung, als Gudrun, eine 60-jährige Frau, unsicher wirkend in steifer Schonhaltung die Ordination betrat. Sie erzählte von ihren zwei Kindern, die sie im 18. und im 20. Lebensjahr bekommen hatte, dass sie die Kinder alleine großgezogen hatte, dass sie deshalb auch keinen Berufsabschluss gemacht und sich in großer Mühe durchs Leben gekämpft hatte. Jetzt aber lebte sie seit Jahren in einer glücklichen Beziehung, die Kinder waren erwachsen und sie könnte es doch so schön haben, wenn nur diese Kreuzschmerzen nicht wären …

Es entwickelte sich eine gute therapeutische Beziehung, und es war für mich schön zu erleben, wie die Patientin im Laufe der Zeit zunehmend selbstsicherer wurde und Freude und Stolz zeigen konnte, wenn es darum ging, was sie in ihrem Leben geleistet hatte und was ihr durch Lebensglück noch dazu geschenkt wurde.

Die energieraubenden Feststellungen und kreisenden Gedanken darüber, keine Berufsausbildung abgeschlossen zu haben, weil ja die Kinder »dazwischengekommen« waren, konnten im Laufe der therapeutischen Arbeit bald durch Wertschätzung der eigenen Leistungen und der erworbenen Kompetenzen ersetzt werden.

Gudrun war während des gesamten Therapieverlaufes auch in physiotherapeutischer Behandlung, die ebenfalls viel zur Veränderung der Haltung, der Beweglichkeit und der zunehmenden Stabilität aus der Mitte heraus beitrug. Die Therapeutin arbeitete integrierend, nicht nur an der muskulären Schwäche, sondern an den tieferliegenden Ursachen, die zu dieser schüchternen, steifen Haltung führten. Diese Therapie machte Gudrun viel Spaß, denn gegen Ende der Therapie konnte sie wieder ausgelassen tanzen, sich schwungvoll bewegen und endlich ihren typischen »Gudrun-Ausdruck« wiedererlangen, den sie so lange versteckt hatte.

Eines Tages kam sie zufrieden lachend in die Ordination und begrüßte mich, ganz gegen ihre sonstige Gewohnheit, mit einer langen und festen Umarmung und fing gleichzeitig zu weinen an, ein fast nicht zu stoppendes Weinen.

»Hans, ich muss dir etwas erzählen. Du weißt doch, dass ich zu meinem Vater seit mehr als 20 Jahren keinen Kontakt hatte, weil ich seine ständigen Vorwürfe und Verletzungen, dass ich im Leben versagt hätte, dass ich nichts aus meinem Leben gemacht hätte, nicht mehr ertragen konnte. Jedes Bemühen meinerseits endete damit, dass ich weinend seine Wohnung verließ, und das wollte ich mir nicht mehr geben. Über meinen Bruder wusste ich, dass er herzkrank im Spital lag und eine notwendige Herzoperation ablehnte.

Nach der letzten Ordination bei dir wusste ich, dass ich meinen Vater besuchen wollte. Schon am nächsten Tag war ich bei ihm. Natürlich fing er wieder mit den alten Vorwürfen an, und es entstand wieder jene Gesprächssituation, die ich schon so oft erlebt hatte und die immer wieder zu Gesprächsabbruch und traurigem Weggehen geführt hatte. Wieder sprach er an, dass ich meine Talente vergeudet hätte und nichts aus meinem Leben gemacht hätte. Aber diesmal blieb ich stabil in meiner Mitte, wie ich es bei dir und in der physiotherapeutischen Behandlung erfahren hatte. Denn während er diesmal sprach, hörte ich nicht mehr seine Vorwürfe, sondern die Liebe meines Vaters, der seiner Tochter doch nur das Allerbeste gewünscht hatte. Ich sagte ihm, dass ich ihn verstehen könne, dass mein Leben sicher anders verlaufen wäre, wenn ich studiert hätte, dass ich aber sehr stolz sei auf das, was ich geleistet habe. Ich sagte ihm, dass auch ich lange Zeit traurig gewesen sei, nicht studiert zu haben, dass jetzt aber alles gut sei, so wie es ist. Und ich sagte ihm, dass ich mein Leben jetzt genieße und einen besonders lieben Partner habe und zwei wundervolle Kinder, die ich über alles liebe. Ich sagte ihm auch und spürte dabei meine aufgerichtete Kraft, dass ich mir auch bei meinen Kindern andere Lebensverläufe erträumt hätte, aber gut damit umgehen könne, wie sie jetzt leben.

Und diesmal kamen keine Vorwürfe oder Verletzungen vonseiten meines Vaters. Er schien nach meiner Erzählung nur sehr müde zu sein, sagte nichts, sah mich aber mit so gütigen Augen an, und ich verabschiedete mich.

Ich fuhr nach Hause, wohl traurig, meinen Vater so geschwächt zurücklassen zu müssen, aber auch zufrieden, dass ich Haltung bewahren und ihm in meiner Lebendigkeit und Zuneigung begegnen konnte. Am nächsten Tag rief ich meinen Vater an, dass ich glücklich war über meinen gestrigen Besuch bei ihm, und sagte, was ich seit Jahren nicht aussprechen konnte, dass ich ihn sehr lieb hätte.

›Ich dich auch‹, sagte er mit schwacher Stimme, ›ich hab' dich immer geliebt!‹ Dann weinten wir beide am Telefon, es war aber ein glückliches, heilsames Weinen. Ich versprach ihm, ihn am nächsten Tag zu besuchen und wir freuten uns beide darauf.

Diese Tränen am Telefon waren aber unsere letzte Umarmung, weil mein Vater in der darauffolgenden Nacht starb.«

Mit dieser Sitzung beendeten wir die Therapie. Was sollte denn auch noch therapiert werden? Gudrun ging weiter zur physiotherapeutischen Behandlung, begann zu tanzen, und die Wirbelsäule war für sie bald kein Thema mehr. Gudrun war schon vor unserer Behandlung eine beeindruckende Frau gewesen, aber jetzt wusste sie es auch selbst, und jeder konnte es sehen, an ihrer Mimik, an ihrer schwungvollen Bewegung und ihrer lustigen Art, wissend, was sie aus ihrem Leben gemacht hatte und mit der Sicherheit, einen Vater gehabt zu haben, der sie ein ganzes Leben lang geliebt hatte.

Auch der Vater konnte, loslassend, im Endeffekt geheilt gehen und hat seiner Tochter den schönsten Segen mit auf den Weg gegeben, den ein Vater schenken kann …

Gudrun war bereit, sich auf einen therapeutischen Prozess einzulassen, der ihr schlussendlich zu jener Kraft und Stärke aus ihrer Mitte verhalf, die es ihr ermöglichte, ihrem Vater nochmals gegenüberzutreten. Nach 20 Jahren Beziehungsabbruch ist sie das Risiko eingegangen, die Beziehung zu ihrem Vater zu klären, und konnte ihr Überlebensmuster, das zu Schwäche und Instabilität geführt hatte, verlassen und neue Lebendigkeit entdecken.

H.W.

Vertrauen

Ich will
mich trauen
zu vertrauen

mich einlassen
ins Sein lassen

liebend
leben

achtsam
wachsam

tanzend
singend
dankend
sein

G.W.

Vertrau mir, dann geht's wieder!

Nach einem heftigen Streit mit meinem damals 20-jährigen Sohn hat sich dieser für mehr als eine Woche zurückgezogen. Er war wie von der Bildfläche verschwunden.

Ich weiß den Anlass unserer Auseinandersetzung nicht mehr, aber ich weiß, dass ich in meinem Ärger verletzend war. Ich war dann sehr überrascht – mehr noch betroffen –, als er alle seine Sachen gepackt hat und eine Stunde später für mich nicht mehr erreichbar war. Mir ging's damit ganz elend, und schlechtes Gewissen quälte mich. Ich halte es kaum aus, in einem ungelösten Konflikt zu leben, das kostet mich immense Kraft. Umso mehr, wenn mir die Menschen, mit denen ich im Streit bin, so nahe sind.

Nach der Ewigkeit einer Woche in Sprachlosigkeit war er dann eines Tages wieder bei uns zu Hause. Er wollte klettern gehen, aber keines seiner Geschwister hatte Zeit. So fragte er zu meiner großen Überraschung mich, ob ich mit ihm klettern gehen würde.

Ich kann nicht klettern, und in so eine Felswand einzusteigen kostet mich Überwindung. Dennoch habe ich spontan zugesagt, eine Chance witternd, mit meinem Sohn wieder in Verbindung zu kommen, und sei es nur durch das Seil.

Beim Kletterfelsen angekommen, hat er sich als erste Aktion waghalsig vor mir abgeseilt und mir dabei, frei am Seil hängend, ein paar Kunststücke gezeigt. An meiner Reaktion war für ihn spürbar, wie viel Angst ich um ihn hatte.

»Wenn du mich jetzt beim Klettern sichern willst, muss die Seilverbindung zwischen dir und mir in einer Grundspannung sein, das Seil darf nicht durchhängen, und du musst die ganze Aufmerksamkeit bei mir haben, sonst kann ich nicht klettern. – Manchmal siehst du einen Griff in der Wand besser von unten als ich da oben. Da ist es dann gut, wenn du mich hinführst!«

Diese Instruktion konnte ich gut verstehen – wir haben kein Wort über unseren heftigen Konflikt eine Woche zuvor verloren, aber ich war in guter Verbindung mit ihm, nicht nur durch ein Seil mit guter Grundspannung, und ich war stolz, ihn beim Klettern so geschickt zu sehen. Er kletterte so schnell, dass ich zu tun hatte, mit der Seilsicherung dabei zu bleiben.

Für mich wäre der Kletterausflug somit erledigt gewesen, hätte er jetzt nicht auch noch mir ein Klettergeschirr angezogen, und so machte ich, gesichert durch meinen Sohn, meine erste Klettererfahrung am Seil. – Ehrgeizig bin ich ja, aber nicht sonderlich gut trainiert und schon gar nicht in jenen Muskeln, die fürs Klettern so wichtig sind. Die erste Hürde konnte ich ganz gut nehmen, und dann so zirka sechs Meter über Boden kam eine Felsnase, an der ich riskieren musste, mich ohne Bodenkontakt mit meinen Händen darüber zu ziehen, nicht wissend, ob die Kräfte dafür reichen würden.

»Es kann dir nichts passieren, ich bin da und hab' dich am Seil«, bestärkte er mich – sich kurz ins Seil hängend, damit ich die effektive Sicherung spüren konnte. Ich suchte den nächsten Griff und löste dann den Kontakt mit beiden Beinen von der Felskante, die mir Halt gab. Jetzt mein ganzes Gewicht mit den Händen haltend, musste ich mich über die Felskante ziehen, und schnell spürte ich, dass die Kraft dafür nicht da war. Die haltgebende Kante unter meinen Füßen war weg, und irgendwie harmonierte die Felsnase nicht so gut mit meinem Bauch. Ich muss von unten ausgesehen haben wie ein an die Wand geklatschter Frosch, fußfrei allerdings!

Ich spürte meinen Angstschweiß und die Sekunden, wie mich die Kraft verließ, in einer Deutlichkeit wie selten in meinem Leben. »Beim Übungsklettern mit Sohn verunglückt«, schoss es mir durch den Kopf, und ich fühlte mich in dem Augenblick komplett alleine und voller Angst. Gewohnt, vieles und viele Hürden in meinem Leben alleine zu nehmen, hatte ich wieder einmal komplett auf meinen Sohn und die sichernde Verbindung vergessen.

»Ich bin da – vertrau mir, lass dich fallen, dann kommst du weiter«, rief er mir mit klarer und ruhiger Stimme zu. Er war tatsächlich da, voller Achtsamkeit und gut in Verbindung mit mir, aber ich war es nicht, weder mit mir, noch mit ihm, und so dauerte es noch einige fürchterliche Sekunden, bis ich dann meinen erschöpften Körper endlich auslassen konnte, um gleich sicher im Seil zu hängen. In diesem Moment war es für mich so wohltuend zu fühlen, wie kräftig mein Sohn präsent war, und wie er mir Halt geben konnte in dem Moment, wo ich auch bereit war, mir Hilfe von ihm zu holen.

Die Verbindung war da, der Konflikt war Geschichte, mein Sohn strahlte unten und zeigte mir, wie locker und kräftig er mich halten kann.

Seither üben wir's beide, wechselseitig und sichernd in unserer Lebensgestaltung, vertrauend und trauend, denn wir wollen ja beide weiterkommen in unterschiedlichen Übergängen, aber in guter Verbindung.

G.W.

Das Unentschiedene

raubt Kraft
engt ein
verhindert Neues
ist feig
blockiert – auch andere

> *Das Entschiedene*
> *klärt*
> *kann verletzen*
> *auch heilen*
> *öffnet Perspektiven*
> *ermöglicht Abschiede*
> *schafft Neuanfang*
> *kann Mut*
> *und Halt*
> *und Hoffnung*
> *geben.*

G.W.

… und wir haben nur gearbeitet

Seit einiger Zeit begleite ich eine 74-jährige Patientin. Ursprünglich kam sie wegen Schlafstörungen und quälenden Verdauungsproblemen zu mir und wurde deshalb auch untersucht und behandelt.

Es ging ihr körperlich bald etwas besser, aber ich spürte, dass der Patientin noch etwas anderes ihren Schlaf und ihre Energie raubte.

Frau H. war seit drei Jahren verwitwet. Sie hatte eine verheiratete Tochter und zwei Enkelkinder im Alter von 17 und 21 Jahren.

Im Rahmen einer Therapiesitzung bat ich Frau H., mir ein Foto aus jüngeren Jahren mitzubringen. In der Stunde darauf überreichte sie mir ein Familienbild, gemeinsam mit ihrer Tochter, auf dem sie selbst zirka 40 Jahre alt war. Ich sah mir das Foto genau an. Besonders die Gesichtszüge der damals 40-jährigen Frau interessierten mich. Während ich das Bild eine Weile betrachtete, bemerkte ich aus den Augenwinkeln, dass Frau H. weinte. Ich legte das Bild beiseite und fragte sie, was denn in ihr vorgehe.

Sie steckte das Foto in ihre Tasche und sagte dabei: »… und wir haben nur gearbeitet.«

Stille entstand im Raum, und Frau H. sah mich traurig an.

Nach einer Pause fragte ich sie: »Was ist es jetzt, das Sie beim Betrachten dieses Fotos am meisten schmerzt?«

»… dass wir so wenig Zeit füreinander hatten«, antwortete sie. »Mein Mann war so viel unterwegs. Was wir damals nicht glaubten, alles zu brauchen! Und jetzt würde ich alles darum geben, die Zeit zurückdrehen und vieles anders machen zu können.«

»Was würden Sie denn aus heutiger Sicht anders machen?«, fragte ich.

»Oh, da fällt mir viel ein. Ich glaube, ich würde heute nicht mehr zustimmen, dieses große Haus zu kaufen. Vielleicht hätte dann mein Mann auch nicht die Abteilungsleitung übernommen, durch die er zwar sehr gut verdiente, aber so viele Auslandsreisen machen musste. Wir hätten dann mehr Zeit für uns gehabt, mehr Energie füreinander, wären mehr tanzen gegangen, hätten uns mehr berührt, hätten mehr Wanderungen und Unternehmungen gemacht. Wenn Sie mir noch mehr Zeit geben, dann würde mir noch sehr viel einfallen, was ich mit meinem Mann alles gemacht hätte«, sagte Frau H. und lächelte dabei traurig.

»Was haben Sie an Ihrem Mann am meisten geliebt?«, fragte ich sie.

»Seinen Humor, seine Kraft und die Sicherheit, die er mir geben konnte, und außerdem war er ein sehr schöner Mann«, sagte Frau H. und lächelte.

»Was glauben Sie, hat er an Ihnen so besonders geschätzt und geliebt?«

Frau H. dachte nach, schmunzelte, bewegte sich, setzte sich zurecht und fuhr sich mit der rechten Hand durchs Haar.

»Ich glaube«, sagte sie, »er hat auch meinen Humor geliebt, vor allem aber, dass ich oft spielerisch seine Pläne durchkreuzt habe«, und lachte dabei.

»Ich war es«, setzte sie fort, »die ihn, als wir uns kennengelernt haben, verführt hat. Er war ja beruflich so zielstrebig und pflichtbewusst, und ich glaube, er hat es sehr genossen, dass ich diejenige war, die ihn da immer wieder herausgeholt hat.«

»… und«, sagte sie nachdenkend, »ja, wir haben anfangs aus dem Vollen geschöpft, gelebt, geliebt, getanzt. Er war ein super Tänzer«, sie lachte und bewegte den Oberkörper wie im Rhythmus.

»Was glauben Sie, hat er an Ihnen noch geliebt?«, fragte ich weiter.

Frau H. dachte nach, inzwischen völlig entspannt und in gutem Kontakt zu sich und ihren Gefühlen.

»Ich glaube, er hat mich einfach zutiefst geliebt, und er hat mir immer wieder gesagt, wie schön ich bin.« Frau H. lachte.

»Sie werden es nicht glauben, Herr Doktor«, sagte sie, »ich war einmal eine hübsche Frau.«

»Sie *sind* eine hübsche Frau!«, sagte ich. »Und all das, was Ihr Mann damals so an Ihnen geliebt hat, das alles tragen Sie auch heute noch in sich. Auch Ihren Humor! Sie haben ein so herrliches, verschmitztes Lachen, die Unternehmungslust, die Leichtigkeit und die Energie, Pläne zu durchkreuzen und zu verführen. Wer hätte es in Ihrer Familie und in Ihrem Freundeskreis denn besonders notwendig, verführt zu werden?«, fragte ich lächelnd.

Frau H. dachte nicht lange nach und sagte: »Meine Tochter! Sie ist beruflich genauso zielorientiert wie mein Mann, genießt zu wenig, arbeitet zu viel, ist oft erschöpft, und ich erlebe sie oft zu streng mit ihren Töchtern. Jetzt weiß ich, was ich mache! Ich entführe meine Tochter und die Kinder!«, sagte sie lachend. »Ich lade sie auf eine Reise ein, die sie schon immer mit ihrer Familie machen wollte, sich aber nicht die Zeit dafür genommen hat, auch weil das Geld knapp ist, weil sie sich doch ein Haus gekauft haben.«

Nach dem letzten Satz hielt sie inne und fragte mich: »Herr Doktor, warum wiederholt sich denn alles immer wieder?«

»Es muss sich nicht immer alles wiederholen, wenn es eine so reflektierte und aktive Mutter und Großmutter gibt«, sagte ich.

Wir lachten beide.

»Aber jetzt sind Sie gefordert, Frau H.«, setzte ich fort, »jetzt können Sie für Ihre Familie jener Engel werden, der vielleicht Ihnen und Ihrem Mann zeitweise gefehlt hat. Aber nachdem ich so viel von Ihnen erfahren durfte, weiß ich jetzt, dass Sie und Ihr Mann herrliche Erlebnisse und wunderbare Höhenflüge in Ihrem Leben hatten und Ihre Kraft auch jetzt kommen wird, wenn Sie die Herausforderung spüren, die an Sie gestellt wird.«

Frau H. holte sich weiter Unterstützung und Begleitung, vor allem dann, wenn sie wieder in der Einsamkeit und depressiven Stimmung feststeckte, aber sie hatte einen Weg entdeckt, nicht nur für sich selbst, sondern auch für ihre Familie und Freunde. Sie hat wieder ihre Spontaneität entdeckt, ihren Humor und ihre Unternehmungskraft – und konnte damit die Depression überwinden.

H.W.

Vom Kaputtkümmern und Gesundlieben

Wir haben uns
auseinander-gekümmert
kaputt-versorgt
haben's uns besorgt
und vor lauter Sorge
die Liebe vergessen
sorgenvolle Sorger
bleiben Versorger und Vorsorger
bekümmerte Kümmerer
symbiotisch-zwanghaft
verstrickt
und fast erstickt

lass uns wieder
loslassen und Luft holen
vertrauensvoll
Freiräume schaffen
um wieder neu und
losgelassen
ausgelassen-spielerisch
unbekümmert und sorgenfrei
einander zu entdecken
und gesundzulieben

G.W.

Wir funktionieren, aber beziehungslos

»Ich komme zu Ihnen wegen schwerer Nahrungsmittelunverträglichkeit. Ich vertrage kaum noch ein normales Essen, mein Bauch tut mir ständig weh, ich schlafe schlecht, bin müde und habe zu nichts Lust.«

So beginnt Susanne, eine 45-jährige Frau, gleich nach der Begrüßung das Ordinationsgespräch. »Frau Susanne«, sage ich, »erlauben Sie mir gleich zu Beginn unseres Gesprächs die Unterbrechung. Ich will Sie gerne kennenlernen, aber mich interessieren – um sie wirklich verstehen zu können – primär Ihre Zufriedenheiten, dann erst Ihre Beschwerden!«

»Aber Sie sind doch Arzt, und ich komme, um Ihnen meine Symptome und Beschwerden aufzuzählen!« – »Ich denke«, entgegne ich, »Sie kommen zu mir, weil Sie wieder gesund werden wollen. Dazu ist Ihre Gewissheit über die Zufriedenheiten in Ihrem Leben wichtiger, als die Aufzählung all Ihrer Symptome.« Nur widerwillig lässt sich Susanne auf meinen Impuls ein – ist sie doch seit Monaten auf ihre Defizite fokussiert. Einmal probiert sie es noch und zeigt mir ihre dicke Befundmappe. »Sehen Sie doch, hier habe ich es schwarz auf weiß, ich habe eine Laktose-, eine Fruktose- und eine Histaminintoleranz, Weizenmehl vertrage ich auch nicht und bei der Darmspiegelung wurde eine Entzündung nachgewiesen.«

»Erzählen Sie mir bitte, was Sie an sich persönlich am meisten schätzen, was gefällt Susanne an Susanne?«

»Da fällt mir gar nichts ein«, sagt sie, »ich bin ja bei Ihnen, weil ich voll unzufrieden bin mit mir.«

An dieser Stelle lade ich Susanne ein – bis jetzt ist sie leicht angriffig vornübergebeugt am vorderen Drittel des Sessels gesessen, mit der dicken Befundmappe auf dem Schoß –, es sich bequem zu machen, die Befunde abzulegen und ein paar tiefe Atemzüge zu tun. In der Stille ihrer hörbar tiefer werdenden Atmung frage ich Susanne nochmals, was Susanne gut kann und was sie an sich persönlich gerne mag.

»Ich mag meine Hände, und ich mag meine Zärtlichkeit. Ich kann gut singen, bin ein Familienmensch und kann gut für andere sorgen.« Auf meine Frage, was sie so wirklich begeistert, zögert Susanne leicht, und dann sagt sie – das erste Mal lachend: »Ein gutes Gespräch mit meinem Mann, wenn er wirklich da ist und mir zuhört, wenn ich mich von ihm verstanden fühle – aber das gelingt leider schon lange nicht mehr zwischen uns.«

»Und was sind Ihre Zufriedenheiten in Ihren Beziehungen?«, frage ich sie weiter. An erster Stelle nennt Susanne nicht ihren Mann, sondern ihre Schwester, an der sie schätzt, dass sie immer mit ihr reden kann und für sie da ist. Bei ihrem Mann Wolfgang holt sie tief Luft und will wieder in den Klagemodus verfallen. Ich unterbreche sie wieder: »Sie leben ja schon 20 Jahre mit ihrem Mann zusammen – erzählen Sie mir bitte, was Sie an ihm schätzen.«

»Er ist ein guter Familienvater, er ist zuverlässig, er sorgt für uns, er gefällt mir noch immer, er ist sportlich, aber ich erreiche ihn nicht.«

»Fühlen Sie sich sicher bei ihm?«

An dieser Stelle wird Susanne traurig und unsicher.

»Ich weiß nicht, er ist so weit weg. Wir funktionieren noch immer perfekt. Alle sagen, wir sind die ideale Familie, aber für mich fühlt es sich schon lange nicht mehr so an. Wir haben kaum mehr Nähe, sind abends beide oft zu erschöpft, um uns zu begegnen. Die freie Zeit ist voll mit Pflichtterminen und Einladungen – wir leben nebeneinander her. Sex gibt es selten, der ist eher anstrengend als schön, und manchmal erschrecke ich bei dem

Gedanken, dass wir uns verlieren könnten oder schon verloren haben – dass vielleicht schon eine andere Frau im Spiel ist.«

Mit den beiden fast erwachsenen Kindern erlebt Susanne viel Zufriedenheit und genießt den schon fast partnerschaftlichen Kontakt zu ihrer 20-jährigen Tochter.

Auch an beruflicher Zufriedenheit kann Susanne formulieren, dass ihr nach den Kindern wieder ein guter Einstieg gelungen ist. Sie fühlt sich von ihrer Chefin akzeptiert, bekommt Wertschätzung und genießt die Zusammenarbeit in einem kompetenten Team im Bildungsbereich.

Nach diesen ersten 20 Minuten unseres Gesprächs gratuliere ich Susanne zu den vielen von ihr formulierten Zufriedenheiten in ihrem Leben, denn bei so vielen Zufriedenheiten gibt es auch viel Heilungspotenzial, und frage sie ganz direkt, was ihrer Meinung nach die wichtigste Baustelle in ihrem Leben ist. Ohne zu zögern sagt sie: »Das ist meine Partnerschaft, die Beziehung zu meinem Mann oder vielmehr die nicht gelebte Beziehung mit ihm und seine ständige Abwesenheit. Das bedroht mich wirklich.«

»Und welches Gefühl taucht dann auf, wenn Sie mir von Ihrer wichtigsten Baustelle erzählen?«, frage ich sie.

»Eine Riesenwut habe ich im Bauch und Ärger und – wenn ich genau hinspüre – große Angst, dass wir uns ganz verlieren.«

Ich ermutige Susanne, jetzt gut mit ihrem Bauch in Verbindung zu bleiben, ihn mit beiden Händen zu berühren und tief zu atmen.

»Nichts zu vertragen und niemanden zu vertragen – oder auch: etwas nicht mehr ertragen zu können, das liegt oft so nah beieinander«, sage ich und bestärke sie noch mehr, in sich hineinzuhorchen, was sie denn jetzt wirklich brauche: »Wonach sehnen Sie sich? Was zeigt Ihnen jetzt Ihr Bauch, was Sie wirklich brauchen?« Im Schutzraum der Ordination riskiert Susanne einen Wachstumsschritt – nicht im fünften Allergieambulatorium, sondern in sich selbst sucht sie und findet auch eine

Antwort. Während entlastende Tränen rinnen, sagt sie: »Mein Bauch braucht Wärme und Halt, nicht nur mein Bauch, ich – die ganze Susanne –, und endlich wieder ein Gefühl von Sicherheit, das Gefühl wie früher, dass wir wieder miteinander gehen. Wolfgang und ich – ich will nicht allein leben, neben ihm, sondern gemeinsam!«

»Erlauben Sie mir, Susanne, dass ich Ihnen zwei Susannes beschreibe, die ich in dieser Stunde erleben durfte: Die eine Susanne kam bei der Tür herein, streng und fordernd, hat sich nur unwillig auf meine Fragen eingelassen, dabei flach geatmet und auf ihrer Stirn konnte ich zwei steile Falten sehen. Der Auftritt dieser strengen Susanne hat auch mich kurzatmig gemacht und verspannt, da war wenig Verbindung und mehr Konkurrenz zwischen uns. Und jetzt sitzt mir eine andere Susanne gegenüber: Ihr Gesicht ist verändert, weich, ihre Atmung ist tief, ich spüre eine Verbindung zu Ihnen und kann mit Ihrer Traurigkeit in Resonanz gehen. Kennen Sie diese zwei Susannes? Wie würden Sie die beiden beschreiben? Wie geht es Ihnen mit diesen beiden Susannes?«

»Ich spüre, wie mir die weiche guttut, genau jetzt, und ich spüre auch jene Verbundenheit zu mir, die Verbindung wieder möglich macht, und in der weichen Susanne, da bin ich auch gut in Verbindung mit meinem Bauch. Irgendwie tut das Ganze jetzt gut so«, sagt sie, noch immer sehr berührt, »und ich fürchte, mein Mann Wolfgang hat in den letzten Monaten vor allem die strenge Susanne erlebt, ich nenne sie die Bauchweh-Susanne«, sagt sie und öffnet nach ihrer langen Bauchreise erstmals die Augen – und lächelt als weiche Susanne.

Für Susanne sind ab dieser ersten Stunde nicht mehr der Bauch und die Nahrungsmittelunverträglichkeit die große Herausforderung, sondern die Beziehung zu ihrem Mann.

Eine detaillierte Ernährungsberatung oder Wiederholung der schon zwei Mal durchgeführten Darmspiegelung hätte die Patientin noch mehr auf ihre Symptome fixiert und von den wirklichen Ursachen ihrer Bauchbeschwerden entfernt. Susanne kann nach diesem Erstgespräch selbst erkennen, wo mögliche Ursachen für ihr Kranksein liegen.

Ungeklärte Beziehungssituationen sind große Energieräuber, und genau in jener Phase ihrer Beziehungsgeschichte, in der die schon erwachsenen Kinder das elterliche Haus verlassen, sind Wolfgang und Susanne mehr denn je gefordert, ihre Beziehung neu zu definieren, die sich nicht mehr in der intensiven Elternrolle mit kleinen Kindern erschöpft. Mit dem Selbstständigwerden der Kinder will auch die Partnerschaft neu definiert sein.

Hat Susanne auch zum Schutz des Familiensystems und für die Kinder viel Ungleichgewicht in der Partnerschaft mit Wolfgang ausgehalten, so ist sie jetzt dazu nicht mehr bereit, sondern will ihre Partnerschaft mit ihm klären und neu definieren. Die Verlockung ist für beide groß, sich mit dem Selbstständigwerden der Kinder nun wieder voll in den Beruf zu vertiefen. Das haben sie auch getan, um den Preis eines funktionalen Nebeneinander-Lebens.

Eine besondere Herausforderung besteht für Susanne nun darin – zu 80% initiieren diesen Schritt Frauen, weil sie meist auch früher spüren, wann im Beziehungssystem Lebendigkeit verloren geht –, ihren Mann Wolfgang zur Arbeit an ihrer Beziehung, zur Beziehungsklärung einzuladen.

Sie hat Glück oder ist auch fordernd genug, denn Wolfang lässt sich auf diesen Prozess ein. Nach einigen Paardialogen wird deutlich, dass auch Wolfgang schon so manches Körpersignal spürt, das auf das Ungleichgewicht und die Unzufriedenheit in der Partnerschaft mit Susanne hinweist.

Selbstverständlich werden Susanne und Wolfgang medizinisch genau untersucht und behandelt. Die Stuhlanalyse zeigt tatsächlich eine Entzündung und Dysbiose, die therapiert wird und diesmal auch ausheilen kann, auch weil Susanne sich traut, auf die wirklichen Ursachen ihrer Beschwerden hinzuschauen. Den Heilungsweg gestalten sie selbst, indem sie sich wieder Zeit nehmen füreinander, indem sie in Paardialogen einen Zwischen-raum schaffen, der sie aus der Einsamkeit des Machtkampfes löst und wieder in Verbindung miteinander bringt.

Susanne und Wolfgang können in der Folge ihre Wertschät-zung füreinander, aber auch ihre Sehnsüchte, ihre Frustrationen austauschen. In dem Maße, wie die beiden wieder ihre Verbin-dung herstellen können, wie es ihnen auch zunehmend gelingt, Freiräume zu zweit zu definieren, und gegenseitige Sicherheit wieder wachsen kann, reduzieren sich auch die Bauchbeschwer-den bei Susanne. Ein halbes Jahr später, nach vielen Dialogen und intensiver Therapie, kann Susanne wieder nach Lust und Laune essen, fühlt sich körperlich und seelisch wieder kräftig und lebendig.

Leider braucht es oft körperliche Beschwerden, um zu erken-nen, dass wir in unserer Lebensgestaltung in eine »Schräglage« gekommen sind.

Wenn wir in Beziehung leben, sind wir immer wieder gefor-dert, uns auf das Risiko einzulassen, zu hinterfragen, was und wie wir Beziehung leben – unser Körper mit seinen vielfältigen Ausdrucksweisen kann dabei unser bester Coach sein. Der Kör-per lügt nicht!

Unter dem Leidensdruck ihres Beschwerdebildes und aus Sor-ge um die Beziehung und das gemeinsame Familienleben hat Su-sanne riskiert, ihren Mann zu Dialogen einzuladen. Profitiert ha-ben davon vier Menschen: Susanne und Wolfgang und die zwei erwachsenen Kinder, die ihre Eltern gut beobachten und von der Gesprächsbereitschaft und Dialogkultur ihrer Eltern viel lernen können.

G.W.

Leise

Leise
bescheiden
und vertrauend

diesen geschenkten Tag
heute
mit Würde
und Achtsamkeit
leben

dankbar
und lachend
in der Gewissheit
geliebt zu sein.

G.W.

Danke für die Störung

Es war eine für mich sehr fordernde Situation. Nach drei Stunden Autofahrt – ich war zu knapp unterwegs – stieg ich ohne wirkliche Pause in ein Arbeitsmeeting ein, das ich nicht nur zu leiten hatte, sondern in dem zu Beginn von mir ein Impulsvortrag erwartet wurde, um das anstehende Thema zu vertiefen. Zu allem Überfluss hatte ich auch noch den notwendigen Adapter für den Beamer vergessen und musste deshalb ohne Folien meinen Impuls bringen. So war ich zu Beginn dieses Meetings müde und auch etwas angespannt, um mit einer Gruppe von acht Personen gut in Kontakt zu kommen.

Von Beginn meines Referates an bemerkte ich, dass einer der Teilnehmer ständig mit seinem Smartphone beschäftigt war, Mails oder SMS beantwortend. Anfangs versuchte ich es noch zu ignorieren, in der Hoffnung, er würde die Störung selbst erkennen und sein Handy bald abdrehen. Doch während ich Verbindung zu meinen Zuhörern aufbaute, arbeitete er emsig seine Nachrichten am Telefon ab. Ich spürte, wie sehr mich das Verhalten dieses Teilnehmers behinderte, mich Kraft kostete und wie er mich zunehmend zu ärgern begann. Es war der Ärger über sein Verhalten, der mir zunehmend jene Energie und Konzentration nahm, um meinen Impulsvortrag so zu halten, wie es mir möglich ist, wenn ich mit den Menschen lebendig und gut in Kontakt bin.

Ich spürte neben meinem Ärger wachsende Unsicherheit und auf der Körperebene ansteigende Herzfrequenz, schwitzende Hände und Mundtrockenheit, und mir wurde nach zehn Minuten zunehmend klar, dass es notwendig sein würde, diese Störung anzusprechen. – Das alles ging mir durch den Kopf, während ich redete, und gleichzeitig war mir auch klar, dass die Störung durch das Handy zu 90% mit mir und meiner eigenen Geschichte zu tun hatte und nur zu zehn Prozent mit dem Herrn, der seine ganze Aufmerksamkeit dem Handy schenkte und munter darauf herumdrückte. Höflich, aber bestimmt riskierte ich schließlich eine Konfrontation:

»Entschuldigen Sie«, unterbrach ich meinen Vortrag und wandte mich direkt dem Herrn zu: »Ich weiß, es hat vor allem mit mir zu tun, aber es ist nun mal so, wenn Sie hier mit Ihrem Handy beschäftigt sind und ich gleichzeitig einen Vortrag halten soll, dann fühle ich mich von Ihnen so gestört, dass ich nicht mehr frei und kreativ sein und reden kann. Und dafür haben Sie mich ja eingeladen. Ich bitte Sie, Ihr Handy abzudrehen, oder ich unterbreche so lange, bis Sie fertig sind!« Der Herr entschuldigte sich seinerseits sofort, drehte sein Handy ab, die Störung war beseitigt und ich konnte mein Referat gut beenden.

Ich freue mich, dass ich das heute so schreiben kann, früher noch hätte ich die Störung auch angesprochen, aber in der vollen Überzeugung, dass die Störung hauptsächlich von diesem Herrn ausginge, der mich durch sein Verhalten irritierte. Heute weiß ich aber, dass meine Reaktion emotional und auch auf der Körperebene mit mir zu tun hat, wie ich reagiere, wenn ich nicht gesehen, beziehungsweise ignoriert werde.

Störungen haben Vorrang, und es ist legitim, sie anzusprechen. Notwendig ist aber auch, immer wieder an die 90-zu-10-Regel zu denken. Wenn mich etwas wirklich stört, verletzt und ich emotional und/oder körperlich massiv darauf reagiere, dann hat das zum überwiegenden Teil mit mir zu tun. Der Anlass, in diesem Fall der handybeschäftigte Herr, macht nur zehn Prozent der Störung aus. Heute auf dieses Ereignis zurückschauend weiß ich, dass es genau jene Störung war und meine Reaktion darauf, die mich ab diesem Moment in eine sehr offene und wertschätzende Verbindung/Beziehung, nicht nur mit diesem Zuhörer, sondern mit der ganzen Gruppe gebracht haben.

Wenn ich weiß, dass »nicht gesehen/ignoriert werden« eine spezielle Facette meiner eigenen Lebensgeschichte ist, dann werde ich solche Störungen immer vorsichtig ansprechen, aber ich werde sie ansprechen, und oft ist das der Einstieg oder sogar die Voraussetzung, Beziehung zu leben.

Was es dazu braucht, ist einmal mehr die Bereitschaft, ins Risiko zu gehen. Ein Risiko, das mich aus dem anstrengenden Funktionieren in einen lebendigen Kontakt bringt. Ich habe mich in der Situation auch ein Stück verletzlich, in meiner Störbarkeit auch schwach gezeigt. Und das war heilsam, einerseits für mich und meine Geschichte, andererseits auch für jene, die mir zuhörten, weil damit eine Verbundenheit und in der Folge eine gute und kreative Zusammenarbeit entstehen konnte. Es hat eine Stimmung und Vertrautheit in der Gruppe erzeugt, die kreatives Entwickeln möglich machte.

G.W.

Mein Rücken

ist müde
und schmerzt
vom vielen
Festhalten

Ich hab'   *ein Leib*
Sehnsucht   *der tanzt*
nach   *und mich*
Beweglichkeit   *voller Gelassenheit*
und   *durchs Leben*
Leichtigkeit   *trägt.*

G.W.

Gleichgewicht
Verbindung
Verbinden halt
wieder herstellen

wieder aufladen

zurückfinden
zu meinem
ursprünglichen Sein

heilen und
Heilung
ermöglichen

Regeneration

wahrnehmen

aufwachen
und
munter sein

bei allen
Sinnen sein

Neu-Entstehung

Ich bin im Leo

Ich laufe – so schnell ich kann, den Gerhard im Nacken! Er ist größer als ich, schneller und stärker – ich höre seinen Atem und spüre, wie er mir immer näher kommt – gleich wird er mich fangen, dann habe ich verloren – ich nehme alle Kraft zusammen – zehn Meter noch bis zum rettenden Zwetschkenbaum in unserem Garten. »Zwetschkenbaum ist Leo«, haben wir zu Beginn unseres Spiels definiert, und dieses Leo gibt mir nochmals die Kraft, durchzuhalten auf den letzten Metern. – Schon höre ich ihn schnaufen hinter mir – nur nicht verlieren – nicht jetzt – gleich wird er sich auf mich stürzen – ich laufe um mein Leben – und dann – atemlos berühre ich mit den Fingern die Rinde des Zwetschkenbaums. »Leo«, stammle ich und breche erschöpft nieder, endlich im Leo!!! Der wilde Gerhard poltert über mich hinweg. Er hat mich Gott sei Dank nicht erwischt. Ich klammere mich an meinem Leo fest, noch immer um Luft ringend, und schaue triumphierend in Richtung Gerhard, der wie ein wilder Tiger vor mir hin und her tanzt, doch: Leo ist Leo, er darf mir nichts tun. Ich bin in meinem Schutzraum, und jetzt kann ich mich erholen! »Dich krieg' ich auch noch, und das nächste Mal verdresch' ich dich!«, sagt er, und nachdem ich nicht bereit bin, mein Leo zu verlassen, zieht er wütend ab, vermutlich, um den nächsten aus unserer Bubenbande zu jagen. Ich sitze mittlerweile entspannt unterm Baum, mit dem Rücken an mein Leo gelehnt, und genieße die reifen Zwetschken. Aus der Sicherheit kann ich dem Gerhard zuschauen, wie er die anderen jagt.

Heute, bald 50 Jahre später, spüre ich immer noch meine Sehnsucht, hin und wieder ein Leo für mich zu definieren, einen Ort, einen Raum, wo ich zur Ruhe kommen kann, eine Zone, in die ich mich zurückziehen kann, um etwaige Wunden »zu lecken«, mich auszuruhen, wieder zu spüren, zu ordnen, um mir – aus dem Schutzraum des Leos heraus – wieder einen Überblick zu verschaffen, wohin mich meine Lebensweise so treibt und wer die »Gerhards« sind, die mich jagen. Oder sind es nicht doch »Georgs«, die diesen Wettkampf vorantreiben, starke, schnelle Georgs? – Und dann gibt es noch einen anderen Teil in mir, den, der lieber am Zwetschkenbaum lehnt, um zu genießen, die schützende Rinde im Rücken spürend, das Süße der Zwetschken aufsaugend, um Kraft zu tanken.

»Was sind Ihre Leos?«, frage ich Josef, einen 50-jährigen Mann, der seit nunmehr 30 Jahren aktiv und mit großem Engagement in seinem Beruf als selbstständiger Unternehmer steht. Er weiß genau, was ich mit Leo meine, wird zuerst nachdenklich, dann traurig, um sich einzugestehen, dass er schon lange kein Leo mehr für sich definieren kann. »Am ehesten sind es noch meine zwei Bier am Abend, wenn ich endlich zu Hause bin. Wenn ich die getrunken habe, dann ist mir alles egal und ich kann wenigstens einschlafen – obwohl ich dann regelmäßig um vier wieder munter bin und mir diese Menge Alkohol eigentlich nicht guttut.«

Oft ist Alkohol ein »Ersatzleo« für chronisch gestresste, gejagte Menschen, oft aber ist es auch eine Außenbeziehung! »Mit meiner Frau sind die Konflikte so anstrengend, nach einem wilden Arbeitstag habe ich dann zu Hause die nächste Baustelle. Bei meiner Geliebten kann ich mich wirklich fallen lassen, da kann ich der sein, der ich wirklich bin.« So erzählen mir öfters »Verliebte« von ihrem Leo und verwechseln dabei, dass Verliebtsein überhaupt nichts mit einer gelebten Liebesbeziehung zu tun hat. Oft scheitern Partnerschaften genau daran, dass es keine wirklichen Leos gibt, weder für sie noch für ihn, und zu zweit schaffen sie auch wenig Freiräume – das Resultat sind dann »Ersatzleos«, die nur wieder neue Kämpfe und Jagden zur Folge haben und damit auch eine verzweifelte Suche nach einem rettenden Leo. Menschen ohne Leo werden krank.

»Wenn ich hier bei Ihnen im Ordinationsraum bin, dann fühle ich mich so sicher und spüre Raum und Ruhe. In diesem Raum kann ich mir selbst begegnen, mich wieder spüren, und das tut mir so gut«, sagt Josef. Gemeinsam mit ihm analysiere ich, was denn so besonders an meinem Ordinationsraum ist: Zwei Sessel, ein Teppich, Licht, Fenster, das wird es ja nicht sein? – Es ist die Sicherheit, hier nicht gestört zu werden, sich selbst begegnen zu können, ein Raum ohne Computer, kein Handyempfang und niemand, der stört. »Ein Freiraum für mich, Zeit und Raum, wo es auch einmal um mich gehen darf, ein Raum zur Standortbestimmung, ein Ort, um meine Wunden zu sichten, auf meine Verletzungen hinzuschauen, aber auch Erreichtes zu sehen und mich der Frage zu stellen, was denn wirklich in meiner Lebensgestaltung gefordert ist, was ich leben will«, resümiert Josef und beginnt gleich damit, seine neuen Leos für sich zu definieren.

»Immer im Leo ist auch fad«, denke ich mir, und in einem Moment, wo der wilde Gerhard abgelenkt ist, verlasse ich meinen Schutzraum. Erholt, mit einem eleganten Sprint, erreiche ich auf der anderen Seite des Gartens den Apfelbaum. »Eins, zwei, drei, abgepasst!«, rufe ich triumphierend in Richtung Gerhard, der mich wieder knapp verpasst hat. Dieses Spiel habe ich gewonnen, weil ich mir ein rettendes Leo erlaubt habe und »zwetschkengestärkt« im richtigen Moment, meine Kraft gut einschätzend, in die Herausforderung gegangen bin, um auch mein Ziel zu erreichen. Das Leo hat mir die Kraft gegeben, ins Risiko zu gehen, um schließlich gegen den großen Gerhard zu gewinnen.

Es gibt täglich so viele Leos, an denen wir uns stärken können: Eine Umarmung, ein Kuss, eine genussvolle Mahlzeit, acht Stunden Schlaf, eine gemeinsame Pause, ein Waldlauf, ein span-

nendes Buch! Was alle Leos gemeinsam haben? – Es sind Schutzräume, die respektiert werden wollen, die ich mir schaffe und die
auch von anderen als Leos akzeptiert werden. Leos sind Wachs-
tums- und Schutzräume. Unser allererstes Leo war die Gebärmutter, der Raum, in dem alles begann, vor allem ein Wachs-
tums- und Entwicklungswunder in einer Perfektion, dass wir
Menschen entstehen konnten: Wir Menschen, immer wieder
mit der Sehnsucht nach einem Leo!

G.W.

Langsam

Langsam
in den Tag hinein
träumen
lieben
leben

Langsam
begegnen
schauen
verstehen

Langsam
lernen
aufmerksam sein

Langsam
das Leben
im Augenblick leben

G.W.

»Mir ist alles zu viel!« oder: »Lass mich endlich in Ruhe!«

»Mir ist alles zu viel! Wenn das Telefon läutet, will ich gar nicht mehr abheben, es könnte jemand aus der Familie sein, der sich beklagt, dass ich mich nie melde, oder Freunde, die fragen, wann ich endlich wieder einmal Zeit habe, und ich muss dann wieder in meinem Kalender blättern, nur, um mir und anderen wieder einzugestehen, dass ich keine Termine frei habe für ein privates Treffen – ja, in drei Monaten, da ist dann wieder Zeit, und ich ärgere mich dann über mich selbst, denn ich weiß ja, wie ich die Wochenenden benötige, um mich zu erholen und Zeit für meine Frau und meine Kinder zu haben. Kaum ist der berufliche Druck weg, irgendwann am Freitagabend, fängt der Freizeitdruck an. Mein Hausarzt sagt, ich soll laufen, obwohl ich viel zu müde dafür bin. Meine Frau will ein aktiv gestaltetes Freizeitprogramm, meine Kinder wollen einen ausgeglichenen Vater und ich will einfach nur meine Ruhe. Ich bin zu erschöpft, um irgendeine Form von Beziehung zu leben, auch nicht mit mir selbst! Am liebsten würde ich eine Liste erstellen mit allen To-dos für die nächste Woche, um dann wirklich fürs Wochenende Ruhe zu haben. In der Erschöpftheit, in der ich dann oft am Freitagabend heimkomme, sind gutes Essen und Rotwein zwar verlockend, aber Erschöpfte sind nicht genussfähig und es schmeckt mir auch nicht und entspannt mich nur oberflächlich. Irgendwann falle ich dann müde ins Bett und habe schon wieder Unruhe in mir wegen der vielen, irgendwann einmal vereinbarten sozialen Aktivitäten, die am Wochenende auf mich zukommen. Eigentlich will ich nur meine Ruhe!«

Solche oder ähnliche Geschichten höre ich oft in meiner Ordination.

Warum lassen wir es immer wieder zu, dass die Arbeit einen so hohen Stellenwert bekommt in unserer Lebensgestaltung? Welchen Platz haben Muße oder Langeweile – im schönsten Sinn des Wortes »lange Weile« – in unserem Leben?

Als Kinder oder Kindeskinder einer Nachkriegsgeneration, die mit hohem Leistungsanspruch von null wieder aufgebaut hat, sind wir geprägt, ständig effizient sein zu müssen, ständig zu leisten. Viele Menschen definieren ihre Identität hauptsächlich über Geleistetes, Verdientes, Erlerntes, Erworbenes, vielfach ausschließlich über ihren Beruf.

»Default Mode Network« nennt der Neurobiologe Joachim Bauer jenes Stresszentrum im menschlichen Hirn, das bei vielen Menschen unter Hochspannung arbeitet. Er vergleicht diesen Zustand mit der permanent erhöhten Wachsamkeit und Alarmbereitschaft von Säugetieren in der freien Natur. Es ist eine sehr flache Wachsamkeit, notwendig um zu überleben, Gefahren rechtzeitig zu erkennen, eine ständig erhöhte Anspannung, ständige Ruf- und Reaktionsbereitschaft. Bauer bringt das Bild von einer Horde Rhesusäffchen, die er im Tiergarten beobachtet, die in permanenter Wachsamkeit sind, immer in Bewegung, kaum still sitzen können, in dauernder Reaktionsbereitschaft auf äußere Reize stehen.

Oft muss ich schmunzeln, wenn in meinen Führungskräftetrainings nach einer entspannenden Körpersequenz oder Meditation in der nachfolgenden Pause fast ausnahmslos alle Teilnehmer sich in Sekunden wieder an ihren Blackberrys festhalten, um nur ja möglichst schnell wieder ihr »Default Mode Network« zu aktivieren und somit zum Überlebensmodus von Rhesusäffchen in der freien Wildbahn zurückkehren. Ich werte es als Ausrede, wenn mir die Teilnehmer dann versichern, das werde von der Firma erwartet, und ihre hundertprozentige Dauererreichbarkeit sei notwendig und sinnvoll. Notwendig ist Dauererreichbarkeit nur dann, wenn schlechte Führungsstrukturen etabliert sind, und sinnvoll ist sie in keinem Fall, weil diese Art von Dauererreichbarkeit sowohl unsere Leistungsfähigkeit als auch unsere Effizienz und mit Sicherheit auch unsere Kreativität einschränkt. Bestritten wird diese neurobiologisch erwiesene Tatsache nur von Menschen, die von dieser Technologie profitieren oder ihre Macht- und Geltungsansprüche daran nähren, andere entweder permanent zu kontrollieren oder sich in ihrer Erreichbarkeit gebraucht oder wertgeschätzt fühlen.

Und es scheint so, dass wir »modernen Menschen« uns immer mehr den Rhesusäffchen annähern: permanent erreichbar, digital, ferngesteuert, von E-Mails überschwemmt, mit rastlosen Augen und in unserer chronischen Erschöpftheit sehr leicht konsumistisch verführbar. Im Unterschied zu den Rhesusäffchen, die ihr Netzwerk zum Überleben in der Natur benötigen und in ihrer oberflächlichen, sehr triebgesteuerten Reaktionsbereitschaft ständig in Bewegung sind, leben wir modernen Menschen zwar auch immer mehr in diesem »Default Mode Network«, haben aber meist nur ein Minimum an oder gar keine Bewegung. Dementgegen stehen eine große innere Unruhe, Überreiztheit und Erschöpfung, jedenfalls viele ungelebte oder unerfüllte Bedürfnisse und Sehnsüchte. Deshalb freuen wir uns ja wochenlang auf den nächsten Urlaub, um dann, wenn wir endlich »auf der Insel angekommen« sind, oft feststellen zu müssen, wie schwer es ist, wirklich Ruhe zu geben, Langeweile zu leben oder zu erleben, und aus der Dauererreichbarkeit auszusteigen, um endlich wieder uns selbst zu erreichen.

Verglichen mit der flachen Aufmerksamkeit der Rhesusäffchen, die ihnen seit Jahrtausenden das Überleben gesichert hat, ist es ein Geschenk, ein Privileg der Spezies Homo sapiens, dass wir unsere Aufmerksamkeit fokussieren und vertiefen können. Wir haben die Fähigkeit, durch vertiefte Aufmerksamkeit immer wieder neue, kreative Lösungen zu schaffen. Dieses kreative Potenzial in uns ist einzigartig. Wir können es noch vervielfachen durch Kooperation, durch Nutzung von Synergien in lebendigen

Beziehungen. Sobald wir unsere Aufmerksamkeit fokussieren, sagt Joachim Bauer, schaltet sich unser Unruhestresssystem ab.

Was brauchen wir also als Menschen, die oft und viel zu lange in diesem Unruhestresssystem überleben und funktionieren?

Wie kann so ein »Lass-mich-in-Ruhe«-Mensch in die Lebendigkeit kommen?

Vielleicht muss er *riskieren*, sein altes Muster zu verlassen, indem er nicht mehr rund um die Uhr erreichbar ist, den Flugmodus aktiviert und ab 18 Uhr nicht mehr ins Internet geht. Die Menschen sagen ja, sie »gehen« ins Internet – wir hätten tatsächlich weniger Probleme, müssten die Menschen, um jeweils ins Internet »einzusteigen«, zuerst einmal acht Kilometer dorthin gehen. Gehen, ein hilfreiches *Ritual* in einer Zeit, in der wir vor lauter Automobilität an Automobilität (= Selbstbeweglichkeit) massiv eingebüßt haben. Evolutionsgeschichtlich sind wir eher dafür entwickelt und ausgestattet, täglich mehrere Stunden zu gehen. Das ist häufig genau jene Zeit, die viele sitzend vor dem PC verbringen, um sich dann abends, wieder sitzend, vor dem Fernseher zu »entspannen«.

Wenn der Herr »Lass-mich-in-Ruhe« in *Bewegung* kommt, wird er sich wieder spüren können, und sein Körper wird ihm genau zeigen, was er wirklich braucht. Vielleicht wird er seine Frau einladen, »mit ihm zu gehen«, und das vier Mal pro Woche eine Stunde, ohne Pulsuhr, ganz einfach miteinander gehen. Und die beiden werden bemerken – oft überrascht –, was für ein Geschenk es ist, dass sie »wieder miteinander gehen«. Das Gehen könnte ein Ritual werden wie auch eine morgendliche Zeit der Stille, der Meditation, eine Übung, um loszulassen, Gelassenheit zu erreichen und sich selbst nicht so wichtig zu nehmen, was – wenn man es sich täglich vorsagt – eine ideale Stressprävention ist.

»Mir-ist-alles-zu-viel!«-Menschen haben oft ein Problem mit ihrer eigenen Maßlosigkeit, manchmal hat das auch mit Sturheit zu tun. Meistens sind Erschöpfungszustände, die vorschnell mit Burn-out gleichgesetzt werden, selbstgemacht. »Lonesome Hero«-Typen bleiben dann meist lonesome, was de facto ihre größte Angst ist. Oft entspringt ja das »Zu-viel-Tun« der Angst, »zu wenig gesehen« zu werden.

Regenerative, rhythmisch wiederkehrende Bewegung halte ich für besonders wichtig, genauso wie das Gestalten und Planen von *Schutzräumen,* auch persönlichen Freiräumen, um den Ist-Zustand der eigenen Lebenssituation entsprechend zu *reflektieren.* Manchmal kann auch professionelle therapeutische Hilfe notwendig sein. In einer guten Partnerschaft kann der eigene Partner/die eigene Partnerin hilfreich sein, solange sich die beiden nicht gegenseitig verändern wollen, denn Ratschläge sind für einen erschöpften Menschen oft nur erschöpfend.

Manche »Lass-mich-in-Ruhe«-Menschen sind so erschöpft, dass sie eine Auszeit brauchen, es notwendig ist, dass sie aus ihrem gewohnten Lebensraum herauskommen, um das ständig gedankengeplagte Hirn zu befreien. »Ihr Hirn braucht eine Hängematte zum Schützen und Loslassen«, gebe ich solchen Menschen gerne als Bild mit, und betroffen *bestätigen* sie das Bild. Oft durch chronischen Schlafmangel geschwächt, können sich solche Menschen nicht so leicht in eine solche Hängematte fallen lassen. Manchmal brauchen sie dafür auch räumlichen Abstand, manchmal eine medikamentöse Hängematte (wie gut, dass es da wirklich hervorragende medizinische »Krücken auf Zeit« gibt), oft eine therapeutische Begleitung, damit die Sehnsucht nach Ruhe auch wirklich erfüllt werden kann.

Wie groß ist dann der *Rausch* der Freude, wenn aus dem Herrn »Lass-mich-in-Ruhe« ein Herr »Ich bin in meiner Ruhe und in meiner Kraft und Energie, ich bin da und spür' mich, und ich weiß auch, was ich will, und ich weiß auch, was ich nicht mehr will« wird, und er dadurch wieder fähig ist, sich in seiner neu gewonnenen Lebendigkeit auf Beziehungen einzulassen.

G.W.

Ein Augenblick nur

Mein Kopf geht über
und über
mit Plänen
und Aufgaben

Da ist kein Platz
für Stille
und ersehnte
Gedankenlosigkeit

In dieser Getriebenheit
bin ich nicht erreichbar
für dich

>	*selbst, wenn du mich*
>	*erreichen willst*
>	*Meine Sender sind verstellt*
>	*auch die Empfänger*
>	*wir gehen aneinander*
>	*vorbei*

Es kreisen die Gedanken
machen mich müde
und hoffnungslos

… ein Augenblick nur

ganz offen
da sein
und
du landest
in mir

ein Leben in Fülle

G.W.

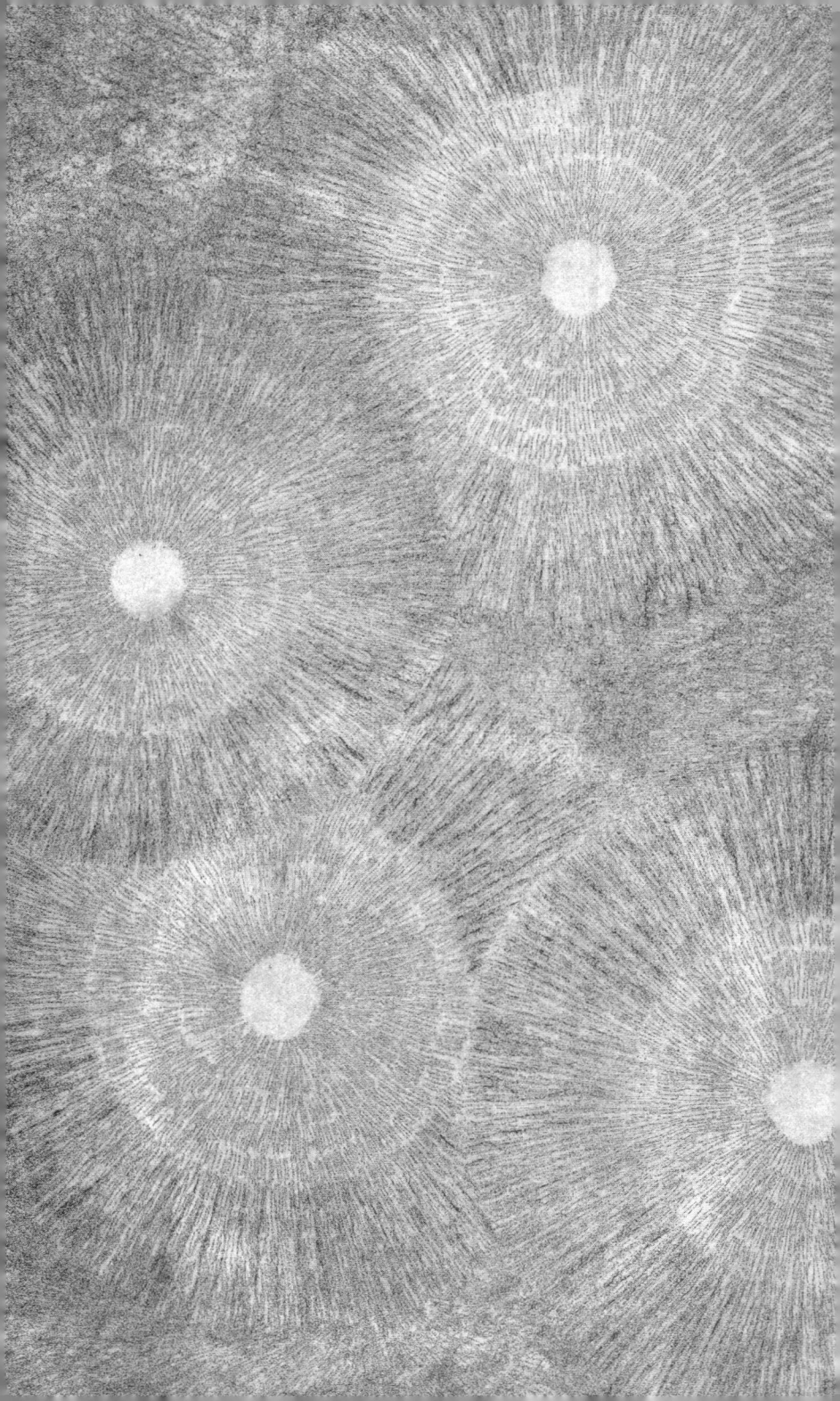

zuhören
verstehen
einfühlen

innehalten
ordnen
lösen
loslassen
neu beginnen

zurückschauen
lernen
und wachsen

Reflexion

aus der Funktion
in die Beziehung

Zeiten der Stille

würdigen, was zu würdigen ist
lösen, was zu lösen ist
verabschieden, was nicht mehr passt
tun, was zu tun ist

Immer im Leo ist auch fad!

Georg hat in seiner Geschichte von seinem ihn oft rettenden Leo geschrieben, wenn er im Spiel vom großen Gerhard gejagt wurde. Da hat das Leo oft sehr gutgetan, er konnte Kraft sammeln, um weiterzuspielen, um wieder ins Risiko zu gehen, sich jagen zu lassen, um wieder nicht erwischt zu werden. Georg hätte auch im Leo bleiben können, was aber auf die Dauer auch fad gewesen wäre, hätte er doch dann nicht mehr mitgespielt.

Wir alle brauchen ein Leo in unserem Leben, einen definierten Schutzraum, in dem uns nichts passieren kann und in dem wir uns auch erholen können. Dieses Leo im Leben sollte gut erreichbar sein und sollte gepflegt werden, damit ich es auch finde, wenn ich es benötige. Ich kenne Menschen, die aus Angst vor neuen Verletzungen lieber im Leo bleiben und von dort gar nicht mehr weggehen.

Es ist noch gar nicht lange her, dass ich zu einer Akutvisite zu einem Herrn gerufen wurde. Ein paar Monate zuvor hatte er eine Vorsorgeuntersuchung bei mir gemacht, weil sich, kurz nach seiner Pensionierung, für ihn unverständliche Beschwerdebilder häuften und er sich nicht glücklich fühlte, obwohl er alles hatte, was »Mann« sich wünschen kann: eine liebe Partnerin, Kinder, Enkelkinder, Haus, Garten, finanziell nach allen Seiten abgesichert, von Betriebszusatzpension bis Vorsorgewohnung.

Ich wurde wegen eines akuten Schwächeanfalls mit Schwindelgefühl und kurzfristigen Sehstörungen gerufen. Nachdem ich seine Risikofaktoren gut kannte, war es mir wichtig, möglichst schnell bei ihm zu sein.

Das Haus ist wunderschön gelegen, alles gepflegt und repariert. Der Garten in Topzustand, das Haus lackiert, bemalt, verfliest, gereinigt, restauriert – wie man ein Haus perfekter nicht in Schuss halten kann. Aber irgendwie war es für mich nicht in Schuss, es fehlte an Lebendigkeit, an Spaß und Störung. Beim Betreten des Hauses spürte ich, wie viel Energie dieses Ehepaar in ihr Haus steckte und wie es dennoch nicht lebendig wirkte.

Ich wurde von der Gattin des Patienten sehr besorgt, aber herzlich empfangen: »Schön, dass Sie so schnell kommen konnten, vielen Dank! Wissen Sie, es geht uns schon in den letzten Monaten nicht so gut, und heute dieser schwere Schwächeanfall meines Mannes. Ich hoffe so sehr, dass es kein Schlaganfall ist.«

Ich betrat das Schlafzimmer und sah den traurig besorgten Hausherrn in seinem Bett liegen.

»Danke, dass Sie gekommen sind, aber es geht mir schon viel besser, eigentlich könnte ich ja auch schon wieder aufstehen.«

Ich untersuchte Herrn P. Tatsächlich war es nur ein Schwächeanfall und eine Spitalseinweisung war nicht notwendig, aber in diesem Moment, ich bei Herrn P. am Bett sitzend, seine Gattin im Fauteuil beim Fenster sitzend, ergab sich ein Dialog, der so vieles zutage brachte.

»Schön haben Sie es hier«, sagte ich.

»Ja«, sagte Frau P., »wir haben's wirklich schön, aber irgendetwas passt nicht. Wir haben allen Grund zur Dankbarkeit und Zufriedenheit, aber unser Lebensglück scheint weggeflogen zu sein.«

Bei Frau P., einer feinen, eleganten Dame um die 55, füllten sich die Augen mit Tränen.

»Aber Schatz«, versuchte Herr P. seine Gattin zu trösten, »uns geht es doch gut! Obwohl, Herr Doktor, Sie kennen ja meine Beschwerdebilder aus der Vorsorgeuntersuchung, meine Frau hat schon irgendwie recht, so richtig gut geht's uns nicht.«

»Welche sind denn Ihre Zufriedenheiten?«, fragte ich das Ehepaar. Und wie aus einem Mund kam: Familie, Enkelkinder, die Natur, das Haus, der Garten.

»Sie haben viele Zufriedenheiten«, sagte ich, »Sie sind ein reiches Paar und dennoch fühlen Sie sich nicht glücklich. Mich hat berührt«, setzte ich fort, »als mich Ihre Frau begrüßt und gesagt hat, UNS geht es in den letzten Monaten schon nicht mehr so gut. Da habe ich gespürt, wie nah Sie sich sind, aber dennoch, dieses Gefühl vom fehlenden Lebensglück.«

Herr P., den ich bisher nur als sehr kontrollierten Mann kannte, kramte plötzlich in seinem Nachtkästchen, um ein Taschentuch zu suchen, um sich seine Tränen wegzuwischen.

Es entstand eine Pause, und ich ließ beide in ihrer Rührung. Es war eine spürbar heilsame Berührtheit eines sich liebenden Paares, das sichtlich einen neuen Lebensweg suchte, einen Übergang in einen neuen, lebendigen, gemeinsamen Lebensabschnitt. Wie gut, dachte ich mir wieder einmal, dass uns unser Körper, unsere Seele immer wieder Hinweise schickt, um sich auf Veränderungen neu und stimmig auszubalancieren.

Herr P. durchbrach die Stille und hatte eine Weichheit in seiner Sprache, die ich in Begegnungen mit ihm vorher noch nie erlebt hatte.

»Herr Doktor«, sagte er, »ich spüre doch auch schon seit längerer Zeit, dass ich mich verändert habe, und dass ich damit meine Frau nerve, aber ich komme da scheinbar allein nicht raus.«

»Ist es nicht ein Geschenk«, fragte ich, »dass wir nicht alleine sind? Und ich bin mir sicher, dass es gut ist, dass es Situationen im Leben gibt, die wir nur gemeinsam mit uns vertrauten und geliebten Menschen lösen können. Ich kenne Sie seit vielen Jahren als einen sehr toughen Mann, der es gewohnt war, Entscheidungen allein zu treffen, Sie haben große Betriebe geführt und jetzt suchen Sie Hilfe, aber mir scheint fast, dass Sie weniger Hilfe suchen als einen gemeinsamen Weg mit Ihrer Frau, um wieder eine beglückende Beziehung zu erleben.«

Die Atmosphäre der stillen Berührtheit blieb erhalten, Frau P. sah liebevoll zu ihrem Mann, als er fortsetzte: »Vielleicht haben Sie Recht, Herr Doktor, mich nervt es, mich nur ums Haus zu kümmern. Immer suche ich nach etwas, das ich umbauen und schöner machen könnte. Erst vor Kurzem habe ich die neue Toranlage installieren lassen …«

»… die bis heute nicht funktioniert«, unterbrach ihn lachend seine Frau, »weshalb er ja einen Kleinkrieg mit dem Chef dieser Firma führt. So kenne ich meinen Mann nicht, er hat sich beim letzten Telefonat furchtbar aufgeregt und den Chef angeschrien!«

»Glauben Sie, dass es wirklich der Chef war, den Sie angeschrien haben, oder war es die eigene Unzufriedenheit mit Ihrer jetzigen Lebenssituation, die Sie hinausgeschrien haben?«, fragte ich Herrn P.

Er sah mich an, und lächelnd sagte er: »Ich glaube, er hat neben seiner Unzuverlässigkeit auch etwas von meiner Unzufriedenheit abbekommen. Früher hätte mich eine solche Kleinigkeit nie aufgeregt. Überhaupt werde ich in der letzten Zeit enger, pausenlos verschönere ich hier alles, räume auf, arbeite im Garten und bin rastlos.«

»Und«, setzte ich fort, »setzen sich vielleicht zu selten zu Ihrer Frau?«

Beide sahen sich an und lächelten.

»Herr Doktor«, sagte Frau P., »Sie haben, glaube ich, den Nagel auf den Kopf getroffen. Genau jetzt, wo Sie das sagen, spüre ich, was uns fehlt. Wir sind so viel beisammen und dennoch geht uns das Gemeinsame ab.«

Wieder entstand Ruhe im Raum, und auf einmal erinnerte ich mich an Georg und sein Leo.

»Ich glaube, Sie sind beide schon zu lange im Leo«, sagte ich, »jeder bei einem anderen Baum stehend und niemand traut sich heraus.« Ich erklärte das Spiel »1,2,3 – abgepasst« und die herrliche Erfindung des Leos.

»Aber jetzt müssen Sie beide wieder heraus aus dem Leo«, lachte ich, »nicht nur als Paar, sondern auch sonst im Leben. Ich glaube, dass Sie in den letzten Monaten traurig geworden sind, weil Sie nicht mehr gespielt haben, weder miteinander, noch sonst im Leben. Als Ihr Arzt und Therapeut darf ich es sagen, Ihr Haus ist traumhaft schön und wunderbar gepflegt, aber beim Betreten dachte ich mir, dass irgendetwas fehlt. Und jetzt spüre ich schon, dass es hier wieder lebendig werden wird.« Zu Herrn P. gewandt setzte ich fort: »Ein Mann wie Sie kann meines Erachtens mit Hausrenovierungen alleine nicht befriedigt werden, Sie besitzen so viel Energie und aufgestaute Emotion, die auch in Form von Lebendigkeit und Beziehung heraus will!«

Beide waren berührt, weinten und lachten zugleich, Frau P. setzte sich zu ihrem Mann und berührte sanft seinen Kopf.

»Na dann heraus aus dem Leo«, lachte Herr P. zu seiner Frau gewandt und umarmte sie.

PS: Zwei Monate später besuchte mich das Ehepaar P. in der Ordination und sie erzählten von ihren Erlebnissen, nachdem sie aus ihrem Leo herausgekommen sind.

Mir wurde wieder bewusst, wie wichtig es ist, auf Körpersignale und Stressreaktionen zu achten und sich nicht ausschließlich medikamentös therapieren zu lassen. Natürlich können wir bewusst oder unbewusst im Leo bleiben, was sich bei Frauen dann oft in Depression, Libidoverlust, Müdigkeit und psychosomatisch mitbedingten Krankheitsbildern äußert. Bei Männern kann ein Dauer-Leo zu agitierten Depressionen führen, dass sie sich in Sport verbeißen, schimpfend agieren, reaktiv bleiben oder, wie im Fall von Herrn P., mit dem Chef einer Torantriebsfirma um eventuell zu viel verrechnete Wegzeiten streiten; aber es kann auch zu Hypertonie, nicht therapierbaren Kreuzschmerzen und anderen psychosomatisch mitbedingten Krankheiten führen.

Das Ehepaar P. hat diese Herausforderung gut gelöst, sie haben sich berühren lassen, sich Hilfe geholt und leben wieder ein aktives, beziehungsintensives Leben.

H.W.

Augenblick

Den Augenblick leben
die Kraft der Stille erkennen

    klären und Klarheiten schaffen
    wählen und entscheiden

und immer wieder auf die Stille einlassen
fein und achtsam im Hören

    geduldig versuchen zu verstehen
    absichtslos sehen – erkennen

so gestalten wir
einen heiligen Zwischenraum

G.W.

Im Streit verirrt

Von unserer Fußwanderung vom Waldviertel nach Assisi habe ich eine ganz spezielle Etappe in besonderer Erinnerung. Es war der Weg von Aflenz nach Kapfenberg. Schon beim Frühstuck in Aflenz hatten meine Frau und ich einen heftigen Konflikt. Der Anlass war vergleichsweise banal, aber unser alter Machtkampf hatte uns wieder einmal voll erfasst. Nach einer Stunde des Aneinander-Vorbeiredens brachen wir dann unversöhnt und zerstritten auf, um unsere Wanderung nach Assisi fortzusetzen. Wir durchquerten Aflenz und suchten den Wegeinstieg in Richtung Kapfenberg. Ich navigierte mit meinem GPS, und meine Frau las die Karte. Schon bei der ersten Weggabelung setzten wir den nicht gelösten Konflikt fort. Jetzt zeigte mein GPS ganz klar, dass der Weg nach links ging, und die Karte meiner Frau, dass wir den rechten Weg nehmen mussten.

Ich, gut in Verbindung mit dem GPS und voller Groll über den verpatzten Morgen mit meiner Frau, entschied mich, den linken Weg zu gehen. Meine Frau ging heftig protestierend hinter mir her und zählte viele Argumente auf, um mich vom falschen Weg abzubringen und zur Umkehr zu bewegen. Mit jedem Schritt auf diesem Weg und je unsicherer ich wurde, umso beharrlicher argumentierte ich die Richtigkeit des von mir eingeschlagenen Weges!

Nach drei zermürbenden Stunden des Nebeneinander-Hergehens und Diskutierens endete die Forststraße abrupt mitten im Wald. Es war Mitte August, knapp 30 Grad heiß, wir hatten, weil streitend, auf die für uns so wichtige Pause vergessen, waren müde vom Gehen und Diskutieren. Ich brauchte noch zusätzliche Energien fürs innerliche Formulieren von Protestbriefen an den Bürgermeister von Aflenz, über sein schlechtes Wegenetz, und an die Kartografen der GPS-Firma. (Sucht man denn in solchen Situationen nicht oft die Schuld bei den anderen?) Nach weiteren eineinhalb Stunden – ich vertraute noch immer dem Wegweiser meines GPS-Geräts – blieben wir dann vollkommen erschöpft in einem von wilden Hecken überwachsenen Kahlschlag buchstäblich stecken. Das GPS bestätigte mir Luftfeuchtigkeit, Temperatur und die absolvierten 800 Höhenmeter, meine Frau war in Tränen, und ich erblickte weit unter uns – in voller Pracht – die Gemeinde Aflenz. Erst jetzt bemerkte ich (ich getraute mir das meiner Frau nicht einzugestehen), dass der Kompass meines GPS-Geräts nicht kalibriert war und wir deshalb die letzten viereinhalb Stunden ziellos umhergeirrt waren.

Ich spüre heute noch die Hand meiner Frau in meinem Nacken – das Hartnäckige lösend – während sie mir mit der anderen Hand die Wasserflasche reichte! Das war unser erster Moment der Verbindung an diesem Tag. In dieser Zuwendung meiner Frau konnte ich aus meiner Erstarrung und der Verirrung aussteigen, meinen Fehler eingestehen und wir konnten letztlich auch darüber lachen, zu welchen Verirrungen und Kraftakten wir in der Lage sind, wenn wir im Machtkampf unterwegs sind.

»Wenn ich nicht in Beziehung bin, bin ich verführbar«, habe ich in meiner Ordination gleich hinter meinem Schreibtisch an die Wand geschrieben. In diesem Fall hat mich ein GPS-Gerät verführt. Ich war an diesem Morgen weder mit mir noch mit meiner Frau in Verbindung. Den Rest dieser Tagesetappe hat dann meine Frau sehr klar vorgegeben: Gegen meinen sturen Vorsatz, die noch ausstehenden sechs Stunden nun erst recht nach Kapfenberg zu gehen, hat sie den Retourmarsch nach Aflenz bestimmt – welche Niederlage für mich! Den gleichen Weg wieder zurück!! Im Zurückgehen hatte ich dann genug Zeit, darüber nachzudenken, über die vielen Umwege, die ich in meinem

Leben wohl mit immenser Anstrengung gegangen bin, weil ich entweder mit mir oder der Person, mit der ich am Weg war, nicht in Verbindung sein konnte.

Wie oft gehen Menschen in Beziehungslosigkeit mit sich selbst und ihrem Partner/ihrer Partnerin oder ihren Kindern einen Weg, von dem sie längst ahnen oder wissen, dass er falsch ist! Oft ist es falscher Stolz, häufiger Sturheit oder mangelnde Idee einer Alternative. Sie gehen den Weg weiter bis zur totalen Erschöpfung, bis hin zur tiefen, verzweifelten Einsamkeit.

Manchmal ist es das Beharren auf einem Arbeitsplatz oder einem Arbeitssetting, von dem ich weiß, dass es mich krank macht. Manchmal ist es das sture, gekränkte, oft selbstmitleidige Nebeneinander in einer nicht definierten Beziehung, oder auch eine nie angesprochene Störung oder Kränkung – und in der eigenen Beziehungslosigkeit verlassen wir uns dann oft auf Navigatoren, die wir nicht verstehen oder anwenden können, um dann erst recht wieder in der Irre zu landen.

So wie ich, schwitzend und verzweifelt im Kahlschlag von Aflenz mit einem 18-Kilogramm-Rucksack und fixiert auf mein GPS-Gerät, mein Herz klopfen spürte, so weiß ich aus vielen Jahren ärztlich-therapeutischer Praxis, was sich Menschenkörper und Menschenseelen alles einfallen lassen, um uns darauf hinzuweisen, dass wir schon längst den falschen Weg gehen. Von Panikattacken über Suchterkrankungen bis hin zu Unfällen. Unser Körper, auch unsere Seele können nicht lügen, und je besser wir in Verbindung mit uns selbst stehen, umso eher können wir die Zeichen wahrnehmen, verstehen, annehmen und dann die nötige Pause machen, reflektieren, um zu überprüfen, ob der Weg wirklich noch der richtige für uns ist.

Das war dann schon bedrückend, nach acht anstrengenden Stunden wieder am Ausgangspunkt unserer Tagestour anzukommen. Auch wenn ich heute noch immer überzeugt bin, dass die Wegbeschilderung von Aflenz nach Kapfenberg verbesserungswürdig ist, viel wichtiger war der freundliche türkische Mann im

Aflenzer Kebabstand, der meiner Frau und mir lachend die zwei wohl besten Dönerkebabs machte, die wir je gegessen haben. In der Atmosphäre dieses Kebabstandes, unter Menschen, die miteinander lachten und plauderten, konnten meine Frau und ich endgültig wieder zusammenfinden. Meine Frau wollte dann im gleichen Hotel, von dem wir in der Früh aufgebrochen waren, nochmals nächtigen. Dieser Schmach aber – nach einem Tag Verirrung – wollte ich mich samt GPS und 18-Kilogramm-Rucksack nicht aussetzen. Wir mussten darüber herzlich lachen, und in dieser neu gewonnen Verbindung war es möglich, uns die Ausnahme auf unserer Fußwanderung nach Assisi zu erlauben, mit einem Postbus gemütlich in der Abendstimmung die 20 Kilometer nach Kapfenberg zu fahren. Dort angekommen gönnten wir uns ein besonders feines Nachtmahl, um die Erfahrung reicher, dass eine gemeinsame Reise nur dort gelingen kann, wo Verbindung ist – zu uns selbst und zu den Menschen, mit denen wir uns auf den Weg machen!

An den noch folgenden vielen Tagen unserer gemeinsamen Wanderung konnten wir sowohl GPS als auch Karte gut miteinander einsetzen, um dann gemeinsam unser Ziel – Assisi – zu erreichen.

G.W.

Immer wieder

In jeder Begegnung
jeden Tag
viele Male
immer wieder
aufs Neue

      darf und
      kann ich
      mich entscheiden

zu verweilen
zu verstehen
da zu sein
in Liebe.

G.W.

Blutdruckkrise?

Seit Jahren behandle ich Frau M. und ihre ganze Familie. Ich kenne viele schöne, aber auch die herausfordernden Seiten dieser Familie. Frau M. ist vor allem wegen ihres Bluthochdrucks in Behandlung, der normalerweise gut und stabil eingestellt ist. Nur in letzter Zeit steigt er stetig, Medikamentenanpassung war notwendig, ebenso eine umfassende internistische Begutachtung.

Als der Blutdruck wieder einmal nicht passt, frage ich Frau M.: »Was ist denn los? Gibt es irgendetwas, das Sie belastet, in der Familie oder auch sonst?«

Frau M. denkt nach. »Da gibt es schon etwas«, sagt sie, »aber ich glaube nicht, dass das etwas mit meinem Blutdruck zu tun hat. Wir wissen doch beide, dass die Ursache meines Bluthochdrucks ausschließlich mit meiner Nierensituation zu tun hat.«

»Können Sie mir dennoch sagen, ob es zurzeit Belastendes in ihrem Leben gibt?«

Frau M. erzählt von ihrem Sohn, dem ältesten von drei Kindern, den sie sehr liebt und zu dem sie auch immer ein sehr gutes Verhältnis hatte. Seit fünf Monaten habe sie zu ihm keinen Kontakt und dürfe deshalb auch die Enkelkinder nicht sehen.

»Was war denn los?«, frage ich, weil ich doch um das gute Familienleben weiß.

»Angefangen hat alles mit Briefen, in denen er mir Vorwürfe machte, dass ich ihn in seiner Entwicklung blockiert hätte und ich schuld sei, dass er heute so dick ist und dass er auch berufliche Probleme hat und deshalb jetzt sogar arbeitslos ist.«

»Das hat Sie sehr gekränkt, oder?«, frage ich.

»Was heißt gekränkt, ich habe ihm meine Meinung gesagt, er soll mich gern haben, und er soll das alles zurücknehmen, weil das doch alles Schmarrn ist, was er da schreibt, und er soll sich bei mir entschuldigen. Und solange er das nicht macht, brauche er sich bei mir gar nicht blicken lassen, hab ich ihm auch gesagt. Ich kann mir das doch nicht gefallen lassen. Sie wissen doch selbst, was ich immer alles für ihn getan habe.«

»Ich kann Ihren Ärger gut verstehen«, sage ich, »spüre aber auch Ihre tiefe Traurigkeit, die hinter diesem Ärger steckt. Wir kennen uns doch schon seit vielen Jahren, und ich weiß tatsächlich, wie sehr Sie Ihre Kinder lieben, was Sie alles für sie getan haben und worauf Sie selbst aus Liebe zu Ihren Kindern verzichtet haben.« Frau M. wird ruhiger, sieht mich an und ihre Augen füllen sich mit Tränen.

»Lassen Sie Ihre Traurigkeit zu«, sage ich, »das ist gut so. Hinter jedem Ärger steckt doch Traurigkeit, aber wenn wir die Traurigkeit mit dem Ärger zudecken, dann kann sie nicht heraus.« Frau M. weint und es ist zu spüren, wie sich ihr Seelenkrampf löst und ihre Mimik weicher wird. Nach einer Weile frage ich sie: »Wie oft haben Sie denn die Briefe Ihres Sohnes gelesen?«

»Ich glaube, schon fünf Mal oder öfter«, sagt sie unter Tränen.

»Da ist zu spüren, welch große Bedeutung Ihr Sohn für Sie hat und wie groß Ihre Liebe zu ihm ist«, versuche ich, die Patientin ein Stück weiter mit ihren tiefen Gefühlen in Kontakt zu bringen.

»Darf ich Ihnen etwas empfehlen?«, frage ich Frau M.

»Sehr gern«, sagt sie und lächelt unter Tränen.

»Könnten Sie Ihrem Sohn schreiben, wie oft Sie schon seine Briefe gelesen hätten und wie viel sie Ihnen bedeuten und wie sehr sie Sie betroffen machen? Bitten Sie Ihren Sohn, Ihnen mehr zu erzählen, damit Sie verstehen könnten, was ihn denn so belastet.«

Frau M. wird ganz ruhig, bedankt sich und sagt, dass sie gerne ihrem Sohn schreiben und in Kontakt kommen möchte.

Ergänzend sage ich: »Aber falls es zu einem Gespräch zwischen

Ihnen und Ihrem Sohn kommt, vergessen Sie nicht, ihm einleitend eine Wertschätzung zu geben, was es denn ist, was Sie an ihm so besonders lieben und schätzen. Und falls Sie mich brauchen, können Sie ja gemeinsam mit Ihrem Sohn zu einem Gespräch kommen.«

Frau M. und ihr Sohn kamen nicht, sie konnte durch ihr Bemühen, ihren Sohn zu verstehen, den Konflikt selbst lösen.

Der Blutdruck von Frau M. normalisierte sich langsam wieder mit der alten Medikation. Erstaunlich aber war es, die Veränderung von Frau M. zu sehen. Sie wirkte danach selbstsicherer und fröhlicher. Ich denke, es hat vielleicht damit zu tun, wie souverän und warmherzig sie ihrem Sohn begegnen konnte. Und es macht ja auch souverän, wenn es gelingt, einen Familienkonflikt selbst so gut lösen zu können.

Gelungen ist es Frau M. dadurch, dass sie aus ihrer Verletztheit aussteigen konnte und nicht mehr sich selbst im Blickfeld hatte, sondern ihren Sohn! Er wiederum fühlte sich verstanden und konnte von sich aus die Vorwürfe gegen die Mutter fallen lassen, um an sich selbst zu arbeiten.

Die Heilung beginnt doch so oft im Verstandenwerden!

Wie schön, dass bei Frau M. durch das Wegfallen von innerem Stress auch der Blutdruck wieder in den Normbereich kommen konnte. Wie verkehrt wäre es doch gewesen, den Blutdruck ausschließlich medikamentös zu korrigieren und nicht nach zusätzlich belastenden Faktoren zu suchen.

H.W.

Traurigkeit

Manchmal
überrascht mich
ein tiefes und langes
Ausatmen

und
es geht
eine
losgelassene
Traurigkeit

die macht
mich weich
und ruhig
und achtsam

G.W.

Ich fühle mich so energielos

»Seit längerer Zeit fühle ich mich so energielos«, sagte Lukas am Beginn der Ordination. »Ich habe Sehnsüchte, Pläne, Wünsche, aber ich kann sie nicht angehen oder gar umsetzen. Vielleicht hat das eine körperliche Ursache? Deshalb bin ich da.«

Ich untersuchte Lukas, einen 45-jährigen Mann, und tatsächlich fanden sich auch einige »Energieräuber« – grenzwertiger Bluthochdruck, geringe Fettleber, etwas erhöhte Leberwerte, zu wenig Schlaf, kein regelmäßiges Training. Sonst waren alle Werte in Ordnung, in der Familienanamnese deutlich erhöhtes Risiko für Gefäßerkrankungen.

Ich konnte ihm eine Ernährungskorrektur empfehlen, ihm die Notwendigkeit von genug Schlaf näherbringen und ihn zu regelmäßigem Ausdauertraining motivieren. Für den leicht erhöhten Blutdruck war noch keine Medikation notwendig, und zur Regeneration der Fettleber verordnete ich naturheilkundliche Medikamente.

Lukas fühlte sich anfangs auch sofort wohler, war wieder unternehmungslustiger, unternahm Radtouren mit seinem 15-jährigen Sohn, hatte wieder etwas mehr Energie für gemeinsame Abende mit seiner Frau, aber der »Durchbruch« stellte sich nicht ein.

»Wonach hast du denn Sehnsucht?«, fragte ich ihn.

»Ich weiß es gar nicht so genau, weil ich ja alles habe, was man sich nur wünschen kann, eine liebe Familie, einen verantwortungsvollen Beruf, Anerkennung, eine Wohnung, die uns allen gefällt und regelmäßige Urlaube, auf die wir uns jedes Jahr freuen.«

»Wohin möchtest du denn durchbrechen?«, fragte ich ihn, und er entschied sich neben der medizinischen Behandlung für regelmäßige Reflexionsgespräche. Lukas kam anfangs 14-tägig, dann in größeren Abständen.

»Ich kann mich für so vieles begeistern, entwickle anfänglich ein Strohfeuer der Begeisterung und Lebendigkeit, egal, ob es sich um Sport, Freundesgruppen oder berufliches Engagement handelt, aber irgendwann reißt dann mein Energieseil ab, und ich ziehe mich wieder zurück. Anfangs bedeutet dies immer eine Erleichterung, aber schlussendlich bleibt Enttäuschung übrig und die Traurigkeit, meine Lebendigkeit und Leichtigkeit verloren zu haben.«

In einem der Therapiegespräche ging es darum, was denn hinter dem Gefühl der Traurigkeit stecken könnte.

»Ich weiß es nicht, es ist etwas so Lähmendes, das mir jede Energie raubt, und anstatt abends etwas zu machen, das mich begeistert und befriedigt, sitze ich mit einem Bier vor dem Fernseher.«

»Und warum gehst du nicht Volleyballspielen oder in ein Konzert, das dich begeistert?«, fragte ich ihn.

»Ich weiß es nicht, und wenn du mich so fragst, so spüre ich die gleiche Müdigkeit und energielose, traurige Stimmung, wie ich sie zu Hause erlebe.«

»Könnte es vielleicht sein, dass hinter deinem Traurigsein unterdrückte Aggressivität steckt?«, fragte ich ihn. »Ich meine damit keine zerstörerische Aggressivität, vielleicht eher eine lustvolle, energiegeladene Form von Spannkraft.«

Ich bat ihn aufzustehen und gab ihm ein Schwert in die Hand.

»Bist du bereit für ein Duell mit mir?«, fragte ich ihn. Wir begannen uns zu duellieren und kämpften. Lukas lachte, bekam glänzende Augen, einen lebendigen Gesichtsausdruck und eine Beweglichkeit, die ich gar nicht vermutet hätte.

Mitten im Spiel fragte ich ihn, mit wem er denn jetzt kämpfe.

»Mit dir natürlich, mit wem denn sonst«, sagte er.

»Und es macht dir sichtlich Spaß, wie mir scheint«, gab ich zur Antwort. »Aber stell dir jetzt vor, ich sei jemand anderer, wer könnte es denn sonst noch sein, mit dem du kämpfst?«

Lukas blieb noch kurz in seiner Dynamik, dann ließ er sein Schwert fallen.

»Was ist denn los mit dir?«, fragte ich ihn. »Komm, kämpfe weiter, ich bin doch da!«

Lukas nahm sein Schwert wieder auf und versuchte zu kämpfen, aber da war keine Kraft mehr zu spüren, kein Leben in der Bewegung und Traurigkeit in den Augen.

»Komm, stich zu«, sagte ich.

»Ich kann es nicht«, sagte er und brach gleichzeitig in Tränen aus. Er weinte und setzte sich an die Wand meines Therapieraums.

»Wer war ich denn in deiner Vorstellung?«, fragte ich. »Ich glaube, da hat dir ja ein für dich ganz bedeutender Mensch die Energie geraubt.«

»Ja«, sagte er, »es war mein Bruder, und ich darf doch nicht zustechen und ihn besiegen!«

»Warum denn nicht?«, fragte ich, »hast du diesbezüglich in deiner Kindheit vielleicht schmerzhafte Erfahrungen gemacht?«

»Wir haben viel gestritten, er hat mich oft provoziert, aber wenn ich mich gewehrt habe, dann war ich der Böse vor meinen Eltern, weil ich ja der ältere Bruder bin. Bei einem Streit hat er sich eine Platzwunde am Kopf zugezogen, die genäht werden musste.«

Lukas weinte.

»Kann es sein«, fragte ich, »dass diese Tränen nicht die Tränen des schlechten Gewissens wegen deines Bruders sind, sondern Tränen der Traurigkeit, weil du in Vermeidung von Auseinandersetzungen auch deine Lebendigkeit eingebüßt hast?«

Lukas sah mich mit großen Augen an, die sich bald wieder mit Tränen füllten.

»Lass die Tränen zu«, ermutigte ich ihn, »viel zu lange hast du schon nicht um deine verlorene Leichtigkeit und Lebendigkeit geweint.«

Tatsächlich war Lukas ein sehr friedvoller, fast konfliktscheuer Mensch geworden, der immer dann seine Begeisterungsfähigkeit und Lebendigkeit verlor, wenn es galt, einen Konflikt auszutragen.

»Warum hast du denn vorher bei der Übung nicht weitergekämpft?«, fragte ich ihn.

»Das darf ich doch nicht, du warst doch mein Bruder in diesem Spiel.«

»Und nur deshalb, weil ich dein Bruder war, durftest du nicht kämpfen? Wer sagt denn das?«, fragte ich provozierend.

»Na, wer wird das schon sagen«, antwortete er leicht gereizt. »Das ist doch ein Tabu, ich kann doch nicht auf meinen Bruder einschlagen und ihn besiegen.«

Tabus und Normen, die in einer Gesellschaft entstanden sind, können oft sehr sinnvoll und unterstützend sein. Aber wenn Tabus unreflektiert übernommen werden und nicht hinterfragt wird, ob sie dem eigenen Wertesystem überhaupt entsprechen, dann können diese im Leben auch blockierend und energieraubend sein.

Nicht gelebte Emotionalität, im positiv gestalteten, freien Sinn kann unser Leben oft sehr belasten. Wir spüren diese blockierten Energiefelder in uns, die sich auch in Müdigkeit und Inaktivität äußern können.

»Was wäre denn geschehen, wenn du dich mit ihm duelliert hättest, ihm deine Meinung gesagt hättest oder formuliert hättest, dass er dich verletzt hat und dass er dich nervt?«

»Ich weiß nicht, was geschehen wäre«, sagte er, »wahrscheinlich wäre gar nichts geschehen.« Ich fragte ihn, wie er sich denn heute mit seinem Bruder verstünde.

»Eigentlich ganz gut, aber so richtig blödeln oder lachen, dass die Tränen spritzen können wir nicht.«

So empfahl ich Lukas, einen Imago-Geschwisterdialog* zu machen, um alte Themen aufzuarbeiten und Klarheit in die Geschwisterbeziehung zu bringen.

Diese Dialoge waren für beide ein voller Erfolg.

»So viel gelacht und so viel geweint hatten wir schon lange nicht miteinander. Und wir haben auch wieder gespürt, wie gern wir uns haben und wie lange wir beide durch alte Verletzungen unsere Lebendigkeit blockiert hatten.«

In Beziehung heilen! In diesem Fall hat die therapeutische Beziehung ermöglicht, blockierende Verletzungen aus der Kindheit, die Einfluss auf das Leben des erwachsenen Lukas hatten, bewusst zu machen. Der tatsächlich heilende Faktor war aber die Klärung der Beziehung der Geschwister zueinander, und sie durften beide die heilsame Wirkung einer stimmigen, freien und erfüllenden Geschwisterbeziehung erleben.

Durch die Untersuchung konnte ich Lukas zwar die Angst vor dem Krankwerden nehmen, die Aufgabe der Integrierenden Medizin ist es aber, den zugrundeliegenden Konflikt erfahrbar zu machen.

H.W.

---

* Geschwisterdialog ist ein Dialog, der sich aus der Imago-Therapie ableitet. In diesem Dialog geht es darum, in die Welt des anderen zu gehen und einander zu verstehen. Im Ansprechen und Aussprechen der alten Verletzungen, aber auch im Verzeihen wird es möglich, die ursprüngliche Lebendigkeit und Kraft wiederzuerlangen und zu leben.

Geliebt

Mit der
Gewissheit
geliebt zu sein
lenke ich
meine Schritte
in eine
neue Richtung

> Ich freue mich
> auf jede Begegnung
> ein Geschenk
> eine Chance
> ein Liebender
> zu sein.

G.W.

Sucht und Suchen

(Und immer wieder geht's ums Verstehen!)

Eine Mutter kam in die Ordination und suchte Hilfe für ihren 15-jährigen Sohn.

»Er wird immer dicker, hat keine Lust, Sport zu machen, isst völlig ungesund – nur Cola und Hamburger, hat keine Freunde und hängt den ganzen Tag vor dem Computer«, klagte sie.

Ich kannte die Familie schon seit der Geburt des Kindes, hatte aber seit der Trennung der Eltern vor fünf Jahren kaum Kontakt, weil die Mutter mit Erich, ihrem einzigen Sohn, in eine andere Stadt gezogen war. Die Mutter war immer schon sehr besorgt um ihr Kind, achtete auf biologische Ernährung, viel Sport und war in der Erziehung des Kindes sehr konsequent, fast schon zu streng und einengend, wie mir manchmal schien.

Auch heute, nach fünf Jahren, war die Mutter schlank, sportlich, legte viel Wert auf gesunde Umwelt, besaß deshalb auch kein Auto und suchte ständig nach alternativen Lebenskonzepten. Erich hatte ich als braves, etwas schüchternes Kind in Erinnerung. Er war außer kleinen grippalen Infekten immer gesund.

»Hat Erich Kontakt mit dem Vater?«, fragte ich.

»Ja, von dem lernt er ja das ungesunde Leben«, sagte sie. »Sie kennen ihn ja, er war immer schon leicht übergewichtig, ist ein Computerfreak und ernährt sich ebenfalls total ungesund.«

»Und wie geht es Erich dabei?«, fragte ich nach.

»Wenn er beim Vater ist, hängen beide vor dem Computer, sprechen kein Wort miteinander und dann kommt er wieder zu mir nach Hause.«

»Und bei Ihnen zu Hause, wie ist es da?«, fragte ich.

»Er spricht auch mit mir kaum, ich stelle ihm aber regelmäßig gesundes Essen und Obst in sein Zimmer und erinnere ihn, dass er Sport betreiben soll.«

»Diese Ratschläge kann er annehmen?«, fragte ich.

»Natürlich nicht«, kam spontan ihre Antwort. »Wobei«, und sie schmunzelte dabei, »ab und zu isst er doch mit mir, und letzte Woche haben wir sogar eine kleine Wanderung miteinander unternommen.«

»Interessieren Sie sich für Computer?«, fragte ich.

»Nein, überhaupt nicht, dieses Zeug kann mir total gestohlen bleiben«, sagte sie in deutlich schärfer werdendem Ton.

»Kann es sein, dass Sie so wie den Computer auch Ihren Sohn ablehnen, wenn er vor dem Computer sitzt?«, fragte ich.

»Wie meinen Sie das?«

»Ich weiß, wie sehr Sie Ihren Sohn lieben und ich weiß auch, wie sehr Sie ihn schützen und fördern wollen. Vielleicht könnten Sie ihn fragen, ob er Ihnen die Welt des Computers und Internets erklären will. Versuchen Sie doch zu verstehen, was ihn daran so fasziniert. Wenn Ihr Sohn, den Sie so lieben, sich von Computer und Internet so vereinnahmen lässt, dann muss es doch einen Grund dafür geben. Aber bitten Sie Erich nur dann um den Gefallen, wenn Sie sich wirklich für ihn und den Computer interessieren.«

Ein paar Wochen später kam die Patientin wieder zu mir und erzählte mir, was in der Zwischenzeit geschehen war.

Erich hatte sich tatsächlich Zeit genommen und seiner Mutter geduldig die Welt der Computer erklärt, und als sie einmal mit ihm gemeinsam ein Computerspiel spielte, sagte er zu ihr, in den Bildschirm schauend: »Weißt du, Mama, wenn ich da so spiele, dann geht es mir am besten, da verspottet mich keiner, und da bin ich auch nicht einsam.«

Die Mutter war sehr berührt von dem, was sie da von ihrem Sohn hörte und durfte seit vielen Monaten erstmals wieder ihren Sohn berühren und am Rücken streicheln. Seit langer Zeit war sie mit ihrem Sohn erstmals wieder in Verbindung. Erich erzählte ihr, wie es war, als sein bester Freund nichts mehr von ihm wissen wollte, als er niemanden hatte, mit dem er fortgehen oder etwas unternehmen konnte, dass all seine Versuche, neue Kontakte zu knüpfen, gescheitert waren, dass auch an seinem Geburtstag keiner seiner Freunde mit ihm feiern wollte.

Dieses Gespräch war der Beginn eines Heilungsprozesses, in dem auch die Mutter lernen durfte, dass ihr Sohn wohl viele Eigenschaften ihres geschiedenen Mannes hatte, aber er doch ihr geliebter Sohn ist. Ich begleitete beide mit einigen Mutter-Sohn-Dialogen durch die Krise. Viele Tränen durften fließen und im gegenseitigen Verstehen wurden neue Entwicklungsräume geöffnet. Erst als Erich aus der Bedürftigkeit des »ungeliebten« Schulfreunds heraus konnte, war es möglich, dass er wieder Sicherheit und Souveränität gewinnen konnte. Aus der depressiven Reaktivität entstand wieder jener Erich, der Wünsche und Sehnsüchte hatte, sie formulieren und sich teilweise auch schon erfüllen konnte.

Durch Verstehen war es möglich geworden, dass in Erich ein Stück seiner verletzten Kinderseele heilen und die Mutter über sich hinauswachsen konnte, indem sie ihre strikt ablehnende Haltung gegenüber der Welt der Computer korrigieren konnte.

Rückblickend gesehen war Erich natürlich nicht spielsüchtig – vielleicht auf dem Weg dorthin –, war auch nicht depressiv – vielmehr ein trauriges Kind, das sich in seiner tiefen Kränkung nicht einmal mehr von der eigenen Mutter verstanden fühlte, die ihn hilflos mit Ratschlägen, Vorwürfen, Forderungen und gesunder Kost noch mehr in die Isolation trieb.

Mein Bruder Georg bat mich aufzuschreiben, wie die Geschichte vielleicht hätte anders ausgehen können, wenn auch ich mit Ratschlägen und Rezepten reagiert und Erich mit der alleinigen Gabe von antidepressiven Medikamenten, einem sportmedizinischen Training und einer Ernährungsumstellung auch nicht verstanden hätte.

Vielleicht hätte er sogar Kontakt zu einem gleichaltrigen, spielsüchtigen Freund gefunden und wäre tatsächlich in die Sucht-Isolationsspirale gekippt und das Leben wäre für ihn ganz anders verlaufen.

Aus Sorge um ihren Sohn ist die Mutter einen intensiven Reflexionsprozess gegangen und hat zu ihrem Sohn eine Brücke bauen können, ist in seine, sogar in seine Computerwelt eingestiegen, und konnte dadurch für ihren Sohn so heilsam werden.

Einmal mehr spürt man die Richtigkeit des Ausspruchs von Jean Carpentier:

»Behandeln bedeutet nicht gleichzeitig Heilen. Behandeln heißt, den Körper so weit in Ordnung zu bringen, dass er die alte Ordnung wieder erträgt. Heilen aber bedeutet, eine Welt zu schaffen, die den Körper nicht mehr dem Kranksein aussetzt.«

H.W.

Hartnäckig

In der
Hartnäckigkeit
verliere ich
die Wendigkeit

angespannt
durchhaltend
verspannt
festhaltend
was ich
längst lassen will
um lose
und gelöst
zu sein

achtsam
wendig
und
gelassen

G.W.

Wut und Traurigkeit

oder: staunend – neugierig – wohlwollend

Es war an einem Donnerstagabend, als mich ein sehr vertrauter Patient um eine Akutordination bat. Ich war schon müde vom langen Tag, aber auch die Ordinationsassistentin spürte die Dringlichkeit.

Völlig aufgebracht kam Philipp zu mir.

»Es ist aus, alles ist aus, sie zerstört mich und alles, was wir aufgebaut haben!«

Philipp schimpfte auf seine Frau, sprach vom Fortgehen, davon, alles zu zerschlagen, von aus und vorbei. Philipp konnte nicht sitzen, er stand auf und ging unruhig im Ordinationsraum auf und ab. Er erzählte, wie er sich zu Hause verhalten, wie er geschrien, gedroht hatte und wie er seine Frau beschimpft, hinter sich die Türe zugeschlagen und gesagt hatte, er werde nie wiederkommen.

»Wenn wir furchtbar reagieren, ist etwas Furchtbares passiert«, kam mir in den Sinn, und Philipp, den ich seit vielen Jahren als einen sehr kräftigen, aber auch einfühlsamen Menschen kenne, tat mir in seiner Aufgebrachtheit leid.

Wie schnell kann es doch geschehen, dass Räume des Miteinanders, des Verstehens so plötzlich vergehen, einfach weg sind. Wenn das, was vorher noch da war, nicht mehr da ist, wenn plötzlich alles schwierig, kompliziert und alles missverstanden wird.

Wenn dieser Raum vergeht, ist das furchtbar und lässt jeden in seinen – meist durch alte Verletzungen entstandenen – Überlebensmustern reagieren. Kinder schreien in solchen Situationen, schlagen, vielleicht stoßen sie manchmal sogar, zerstören auch Dinge, die ihnen noch kurz vorher lieb und wertvoll waren. Ich wollte diesem aufgebrachten, 45-jährigen Philipp einen Schutzraum bauen, damit es ihm gelingen konnte, aus seiner erschöpfenden Reaktivität ein wenig zur Ruhe zu kommen.

»Philipp«, sagte ich, »ich kann so gut mit dir mitfühlen und deine Wut, deine Angst und auch deine emotionale Erschöpftheit spüren. Darf ich dich zu einer kurzen Zentrierung einladen, damit du etwas zur Ruhe kommen kannst?«

»Hans, ich glaube, du hast mich nicht verstanden, es ist aus, aus und vorbei!«

»Deshalb bist du aber nicht zu mir gekommen, um mir nur das zu sagen, oder?«, antwortete ich.

Philipp sah mich kurz an, bedachte mich mit einem traurigen, verlegenen und hoffnungslosen Lachen und sagte schließlich: »Mach wie du glaubst, du weißt doch, dass ich dir vertraue.«

Ich bat Philipp, sich bequem hinzusetzen, und brachte ihn durch eine geführte Körperreise in Entspannung. Nach kurzer Zeit atmete Philipp ruhiger und war bereit, sich von mir begleiten zu lassen.

Ist es in einer schwierigen Situation nicht oft die Einsamkeit, das Nicht-wissen-wohin, das uns so hoffnungslos macht? Wir können in unser eigenes Auge nicht hineinschauen, da bedarf es des vertrauensvollen Du, um Wege der Hilfe und Orientierung zu sehen.

»Bleib in dieser Entspanntheit«, sagte ich, »und versuche jetzt, dir einen besonders vertrauten Menschen vorzustellen. Wer taucht da für dich auf?«

»Meine Großmutter«, sagte er.

»Und stell dir jetzt vor, wie sie dich liebevoll ansieht«, sagte ich. Philipp lächelte ganz leicht, und ich bemerkte Tränen.

»Wenn du sie fragen würdest«, sagte ich, »was würde sie dir jetzt sagen?« Philipp blieb in seiner Ruhe, und nach einer Weile formulierte er: »Philipp, vertrau, es wird alles gut werden.«

»Jetzt kannst du die Augen wieder aufmachen«, sagte ich, »und vertrau deiner Großmutter, es wird alles gut werden.«

Philipp seufzte tief.

»Wenn du deine Reaktion so betrachtest, wie du eben zu mir gekommen bist, jetzt aus dieser Entspanntheit heraus, was würde dir da einfallen?«, fragte ich.

»Ich staune, dass ich so enorm wütend reagieren konnte und so verletzend schimpfen und schreien«, sagte Philipp.

»Und wenn du dich selbst, den Philipp, neugierig, wirklich neugierig fragst, woher denn dieses Schreien und Herumschlagen gekommen ist?«

Philipp wirkte entspannter, aber sehr, sehr müde – die Schultern und den Kopf nach vorne gebeugt, die Unterarme auf den Oberschenkeln aufliegend.

»Weil ich Angst habe, alles zu verlieren«, sagte er.

Und ich setzte fort: »Vielleicht etwas zu verlieren, das dir in Wirklichkeit auch heute noch viel bedeutet? So hat heute der Philipp reagiert, weil er viel, viel Angst hat. Hinter Aggression stecken doch meist Angst und tiefe Traurigkeit.«

Philipp weinte, und ich sagte, dass er diese Tränen zulassen solle, weil sie ausdrückten, wie sehr ihm dies doch alles zu Herzen ging.

»Philipp«, sagte ich, »was taucht jetzt vor dir auf, wenn du dich selbst wohlwollend und wertschätzend betrachtest?«

Philipp dachte lange nach und sagte: »Hans, du kennst mich doch, ich bin doch kein schlechter Mensch, oder?«

»Nein, Philipp, du bist absolut kein schlechter Mensch, sondern ein guter, sehr bemühter und starker Mann, für den ich große Wertschätzung empfinde.«

Philipp sah mich an, weinte und sagte: »Aber super habe ich auch nicht reagiert! Was ich Karin da alles geheißen habe und wie ich gebrüllt habe und die Kinder haben mich auch tobend erlebt.«

»Ja, und jetzt bist du hier. Unser Leben wird halt vorwärts gelebt, aber rückwärts verstanden. Manchmal, wenn alles zu viel wird oder alles ganz weg ist, kann das Vorwärtsleben sehr hässlich und auch verletzend sein. Die Heilung aber, die Herausforderung, was sagt mir das Leben jetzt, wie soll ich jetzt handeln – das kann uns das Rückwärtsverstehen aufzeigen und neue Wege der Heilung ermöglichen. Philipp«, setzte ich fort, »versuch jetzt in deinem tiefen Schmerz, staunend, neugierig, aber wohlwollend, auch deine Karin zu verstehen. Hast du noch die Kraft dazu?«

Philipp lachte und sagte: »Ich glaube schon, lass es mich versuchen, was dabei herauskommt.«

Und es war berührend, was dabei herausgekommen ist, das Staunen über seine Frau, wie sie in tiefster Verletztheit agiert hat, die Neugierde, die in ein tiefes Verstehen mündete, weshalb Karin nur so und nicht anders reagieren konnte, und die wohlwollende Wertschätzung, was für eine wunderbare Frau sie ist, wenn sie nicht selbst in ihrem Überlebensmuster reagiert.

Philipp ging an diesem Abend nach Hause, ruhig und stark, und konnte noch seine Frau wertschätzend auffangen, obwohl sie noch immer aufgebracht und wütend war, als er heimkam. Auch Karin gelang es, durch Schaffen eines Schutzraumes ihre Aufgebrachtheit zu beruhigen, und sie beschlossen an diesem Abend, für sich und ihre Kinder in Paartherapie zu gehen, um sich endlich Zeit zu nehmen, um das heilen zu lassen, was ihnen beiden so wichtig ist.

… Wenn wir furchtbar reagieren, ist etwas Furchtbares geschehen, weil etwas bedroht wird, das uns besonders wichtig ist.

H.W.

Die drei Laden

Bezugnehmend auf die vorhergehende Geschichte möchte ich die Besonderheit der drei Laden erklären.

Es war in Pitsidia in Südkreta, wo ich für eine Freundin ein Geburtstagsgeschenk zu ihrem runden Geburtstag entdeckte: ein kleines Kästchen, aus Olivenholz gefertigt, zirka 20 Zentimeter breit, halbrund, mit drei kleinen Laden.

Das ist es!, dachte ich mir. Mich erinnerten diese drei Laden spontan an die drei Schlüsselworte, die mir mein Lehrtherapeut im Rahmen meiner Selbsterfahrung nähergebracht hatte. Diese drei Laden, dachte ich mir, enthalten diese Schlüsselwörter und sind in der Lage, einen Lebensschatz freizugeben, wann immer wir ihn brauchen.

Bevor wir in Situationen, die uns selbst oder andere betreffen, in »gut« erlernte Verhaltensweisen zurückfallen und uns reaktiv in eingefahrenen, oft nicht sehr lebendigen Ereignisketten belassen, können diese drei Laden einen Schatz freigeben, der uns öffnet, neue Perspektiven aufzeigt und tiefe Wertschätzung uns selbst gegenüber, beziehungsweise auch anderen gegenüber ermöglicht.

staunend – neugierig – wohlwollend

Durch das bewusste Herausziehen dieser Laden, eine nach der anderen, kann ich in solchen Situationen einen Raum schaffen, der es mir ermöglicht, nicht in alten fixierten Bildern zu reagieren, die meist aus alten Verletzungen stammen, sondern in voller Bewusstheit im Hier und Jetzt zu gestalten.

Das *Staunen* über meine Aufgeregtheit, meinen Ärger, meinen Rückzug genauso wie das Staunen über den anderen und seine Reaktionsweise. Hinter jeder Reaktion steckt doch so viel Geschichte, so viel Erlebtes!

Entweder bleibe ich noch etwas im Staunen oder ich ziehe schon die zweite Lade – die der *Neugier*.

Woran kann es denn liegen, dass mich diese Situation emotional so erfasst? Weshalb reagiert mein Vis-à-vis heute so? Was ist denn los? Neugier auf mich selbst oder auf den Menschen, dem ich gerade begegne, kann neue Einsichten öffnen und kann eigene Reaktionsweisen abklingen lassen, sodass Ruhe für neue, kreative Lösungen möglich wird, statt nur verletzt zu reagieren.

Vor allem aber kann dieser Raum meine Sichtweise, meinen Horizont weiten.

Diese Zeilen schreibend, erinnere ich mich an Gregor Sieböck*, der in seinem Buch »Der Weltenwanderer« ein Erlebnis, das er mit seinem Großvater hatte, beschreibt. Sein Großvater hatte die Angewohnheit, immer wieder Atemübungen zu machen. Als er ihn einmal dabei beobachtete, fragte der damals kleine Gregor seinen Großvater, warum er denn diese Atemübungen mache. »Weißt du«, sagte dieser, »ich muss diese Atemübungen machen, denn sonst glaube ich, dass meine Gedanken die Wirklichkeit sind, und das macht mich so eng.«

Der Neugier Raum zu geben kann so ein Öffner sein, damit ich meine eigene, oft kleine, enge und verletzte Gedankenwelt nicht mit der Wirklichkeit verwechsle.

Und jetzt kann ich die für mich schönste Lade, die des *Wohlwollens*, beziehungsweise der Wertschätzung ziehen. Diese Lade kann eine Atmosphäre schaffen, die heilend sein kann für mich und den Menschen vis-à-vis.

* Gregor Sieböck, *Der Weltenwanderer: Zu Fuß um die halbe Welt,* Innsbruck: Tyrolia Verlag 2010.

Ein Wohlwollen im Blick lässt ein Verständnis nicht nur für uns selbst, sondern auch für den anderen entstehen, ein Verständnis, das kreative Lösungen ermöglicht und Frieden schaffen kann.

Ich denke, dass diese drei Laden erst zusammen jene »Kraft der kollektiven Weisheit« freigeben, von der Kosha Anja Joubert[*] in ihrem beeindruckenden Buch schreibt, und echte Friedensarbeit in mir, in dir, in uns möglich macht.

H.W.

---

[*] Kosha Anja Joubert, *Die Kraft der kollektiven Weisheit: Wie wir gemeinsam schaffen, was einer alleine nicht kann*, Bielefeld: Kamphausen Verlag 2010.

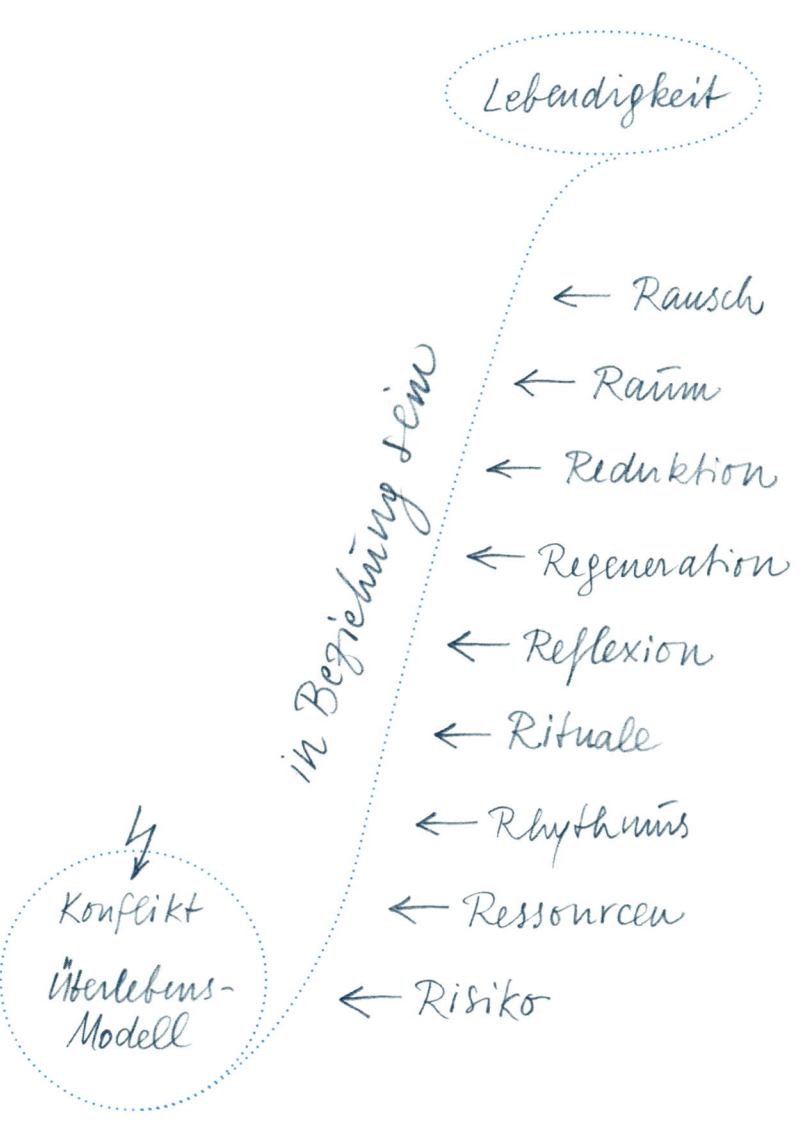

»9 R« am Weg zur Lebendigkeit

der Puls tanzt

einatmen
Pause
ausatmen

des lebens

der Arbeit

trägt
und
gibt Halt

Rhythmus

Taktgeber
Körper

loslassen
einschlafen
aufwachen
sammeln

Jahreszeiten

Ein gefährlicher Grat am Montblanc

Peter, ein Tiroler Bergführer, hat mir folgende erlebte Geschichte erzählt:

»Ein Klient von mir wollte mit mir den Montblanc besteigen. Wir mussten schon zwei Mal wegen Schlechtwetters abbrechen. Beim dritten Versuch passte das Wetter perfekt, trotzdem hatte ich beim Aufwachen in der Hütte ein komisches Gefühl im Bauch. Irgendetwas sagte mir, es sei kein guter Tag, mit meinem Bergkunden den Gipfel zu erklimmen. Obwohl ich ihm mein ›mulmiges Gefühl‹ mitteilte, bestand er darauf, an diesem Tag endlich mit mir den Gipfel zu erreichen.«

»Du musst wissen«, sagte Peter, »ich kenne den Montblanc sehr gut, und da gibt es einen gefährlichen Grat, den zu überqueren braucht es volle Sicherheit. Links runter geht es tausende Meter in Richtung Chamonix und rechts runter ebenso steil! An diesem Grat braucht es volle Konzentration, und wenn ich ihn überquere, dann bin ich in der Zweierseilschaft mit meinem Kunden verbunden. Wir sind da 100% voneinander abhängig in unserer Seilverbundenheit. Das heißt, wenn ich nicht voll achtsam bin, und der vor mir gehende Bergpartner nach links abrutscht, dann muss ich – ohne auch nur zu denken – sofort in den rechten Abgrund springen. Jeder Moment, den ich verzögere, kann für uns beide tödlich sein.

In meiner Wahrnehmung war mein Kunde nicht sehr gut in Verbindung mit sich. Er wollte um jeden Preis auf den Gipfel, er ging *unrhythmisch*, und es war schon am Vortag nicht leicht für mich gewesen, mit ihm einen gemeinsamen Rhythmus zu finden. Wahrscheinlich war es das, was mir mein komisches Bauchgefühl bereitete, denn in der Zweierseilschaft braucht es höchste Achtsamkeit von beiden, speziell am Grat, um so einen schweren Übergang zu schaffen. Ich bin da als Bergführer genauso gefährdet wie mein Kunde.

Ich habe mich also überreden lassen und wir sind losmarschiert. Beim Einstieg in den Grat habe ich all meine Energie fokussiert. Mein Kunde ging vor mir. Ich habe mich zu 100% seinem Rhythmus angepasst und wir haben zeitgleich geatmet, Schritt für Schritt. Das ist notwendig, um ganz sensibel zu sein für etwaige Gefahrenmomente. Ich hatte die Füße und jeden Schritt meines Partners unter Kontrolle, überprüfte immer wieder den Abstand zwischen uns beiden und das durchhängende Seil, als ich bemerkte – mitten am Grat –, dass mein Bergpartner plötzlich schneller atmete. Es war nur ein kleines Schwanken des Oberkörpers, genug, um ihn aus dem Lot zu bringen, unvermeidlich dann sein Ausrutschen und damit sein Absturz nach links und mein zeitgleicher Sprung nach rechts ins rettende Seil. In diesem Augenblick schafften wir zwei miteinander wohl 400 Herzschläge pro Minute. Unter mir ein tödlicher Abgrund, gesichert nur durch meinen Kameraden, der über dem anderen Abgrund hing. Es war dann Millimeterarbeit, mich am Seil hochzuziehen, zu sichern und dann den vor Angst erstarrten und vollkommen gelähmten Mann – er hatte in dieser Situation nicht nur im übertragenen Sinn die Hosen voll – wieder auf den Grat zu ziehen. Es hat eine Ewigkeit gedauert, bis wir dann erschöpft und durchnässt die andere Seite des Grates erreichten, noch immer in der lebensrettenden Seilschaft zu zweit. Ich erinnere mich gut an das tiefe Aufatmen in mir beim Lösen des Karabiners, nachdem wir endlich am sicheren Plateau standen. Gemeinsam haben wir schließlich den Gipfel erreicht und sind dann auch wieder sicher in der Hütte gelandet. Erst in der Hütte konnten wir nachvollziehen, was notwendig und lebensrettend war, um den gefährlichen Übergang zu meistern. Ich habe gelernt, mir meine Bergkunden für gefährliche Übergänge noch besser auszusuchen.

Ich weiß heute mehr denn je, wie wichtig die Reduktion, die volle Achtsamkeit und vor allem auch die Regeneration sind, um Herausforderungen im Leben zu meistern. Der Rausch mag zwar bei diesem Abenteuer für meinen Klienten wohl nicht so richtig gekommen sein, trotz erreichtem Gipfel, aber gelernt haben wir beide viel durch diese Hürde in unserem Leben.«

Peter ist in der Zwischenzeit ein Kollege von mir und arbeitet als Psychotherapeut. Danke, Peter, für deine Geschichte, die mir immer wieder Gänsehaut bereitet.

Ich denke an so viele Paare, die im Laufe ihres Beziehungslebens so manchen gefährlichen Grat zu überwinden haben. Nach den schönen Almwiesen, die ein Paar spielerisch und leicht durchquert, gibt es eben auch immer wieder Episoden im Leben, in denen eine Partnerschaft zu höchster Achtsamkeit gefordert ist, wie eine Zweierseilschaft. Es kommen Paare in die Ordination, die hängen auch – so wie Peter mit seinem Kunden – am Grat. Es berührt mich oft sehr zu erleben, wie diese Menschen dann in größter Anstrengung und oft schon verzweifelt am Seil hängen, und manchmal zappeln da auch noch Kinder mit.

Oft sind es Unfälle, eine schwere Erkrankung, Überforderung am Arbeitsplatz, ein pflegebedürftiger Elternteil, verschleppte Beziehungskonflikte, eine Affäre oder die Pubertätskrise eines gemeinsamen Kindes, die dann einen der beiden am Grat ins Wanken bringen. Wie schnell passiert dann der Ausrutscher und ein ganzes System wird instabil. In solchen krisenhaften Situationen ist wichtig, dass der Einzelne wieder mit sich in Verbindung kommt, eigene Rhythmen wieder wahrzunehmen lernt, von der Atmung bis zum Schlaf, dass Momente für Regeneration geschaffen werden, um dann ganz langsam wieder Verbindung aufnehmen zu können und sich am Seil entlang weiterzuhanteln in die Welt des Partners, der Partnerin, um so schrittweise wieder Verbindung aufzubauen. Im Sinne der Integrierenden Medizin geht es hier nicht um Rezepte, sondern um das Wiederermöglichen von Verbindung, genau jener Verbundenheit, die Beziehung und damit auch Heilung wieder möglich macht.

Aus meiner eigenen Beziehungsgeschichte mit meiner Frau weiß ich und habe die Sicherheit, dass wir uns in schwierigen Übergängen in höchster Achtsamkeit sichern können. Ich bin dankbar für die Sicherheit in meiner Beziehungsseilschaft, dafür, dass meine Frau weiß, wann ich zu wackeln beginne oder Unsicherheiten, Angst zeige. Es ist ein Geschenk zu wissen, dass Fallen möglich ist in einer gereiften Seilschaft, in der Gewissheit, der Partner/die Partnerin ist mit am Weg, mich sichernd, bereit, in das Seil zu springen, um den gemeinsamen Absturz zu verhindern.

Manchmal ist es ärgerlich, wenn ich mich ausgebremst fühle im Wunsch, einen Gipfel gemeinsam zu besteigen. Im Laufe der Jahre haben wir aber gelernt, auf unsere Bauchgefühle füreinander zu vertrauen und gemeinsame Herausforderungen auch wirklich gemeinsam anzugehen – mit gutem Gefühl und mit der Kraft der Verbundenheit.

Wie gut und befreiend ist es, nach gemeistertem Übergang die Karabiner zu lösen, wissend, wir haben alles Know-how und Menschen, die uns über gefährliche Strecken des Lebens begleiten. Wenn wir solche Krisen gemeistert haben, dann gibt es auch viel zu feiern, dann gibt es wahrlich rauschige Feste, die getragen sind von der Gewissheit, dass wir auch so manch gefährlichen Grat bewältigen konnten und können.

In dieser Sicherheit können wir Menschen wirklich feiern und loslassen im Wissen um eine große Achtsamkeit, die uns verbindet und trägt.

G.W.

Offizielles Statement

Hiermit erkläre ich feierlich
dass ich
ab sofort
meine Erreichbarkeit reduziere.

Es wird immer mehr Offlinezeiten geben,
ich werde nicht jedes E-Mail beantworten,
Sie können mich nicht jederzeit erreichen!

Ich werde mein Handy
immer öfter wo vergessen,
liegen lassen!
nicht mehr so akribisch aufladen

Ich werde weniger oft auf mich vergessen,
werde mich akribisch aufladen,
möchte mit mir online bleiben!

Und wenn ich für mich
wieder erreichbar bin
dann will ich aus dieser Verbundenheit

Verbindungen herstellen und leben!

Dieses »Manifest« habe ich in einer Zeit geschrieben, in der es von allen Seiten auf mich eingeprasselt ist. Private Gefordertheiten, Patienten, die alle gleichzeitig einen dringenden Termin benötigen, Freunde, die beklagen, dass ich nie einen Termin frei habe, und noch viele andere Aufgaben, die ich noch immer nicht aufgegeben habe. In solchen Zeiten, wo mich so viele Baustellen gleichzeitig drücken und fordern, reagiere ich meist gereizter, die Frustrationstoleranz ist niedriger und dadurch – als hätte ich nicht schon genug Rucksäcke zu tragen – entstehen natürlich viel mehr Konflikte, die mich noch mehr aus dem Lot bringen, am Arbeitsplatz, in der Familie. Und niemand kann mir das besser signalisieren als die Menschen, die in meiner Nähe sind, die mir vertraut sind.

Was ich, was wir in so einer Situation, und solche »Situationen« können oft Monate andauern, benötigen, sind Räume, Schutzräume – Räume für Ruhe, Regeneration und neue Standortbestimmung – Reflexionsräume!

Der genialste Raum, den wir alle zirka neun Monate bewohnt haben, ist die Gebärmutter, ein Wachstums- und Entwicklungsraum, wie wir ihn nie wieder schaffen und erreichen werden.

Sechs Wochen nach der Zeugung war unsere Herzaktion messbar, ab der zwölften Woche waren wir mit all unseren Anlagen voll entwickelt, dann ging es nur mehr ums Wachsen. Was bietet dieser Uterus so Geniales, dass so ein Wunder im Bauch einer Frau für jeden Menschen lebbar und erlebbar ist? Ist es das Weiche, Warme, das Licht, ist es die in dieser Phase symbiotische Verbundenheit mit der Mutter, ihr haltgebender Herzschlag? Ist es der »Freiraum«, den wir in der Gebärmutter genießen, während sie uns gleichzeitig klare Grenzen setzt? Jedenfalls schafft dieser Raum Bedingungen für ein Entwicklungs- und Wachstumstempo, das einzigartig ist. Und spätestens nach neun Monaten hat es sich dann »ausgewohnt« da drinnen, es gilt, den Raum zu verlassen und uns auf unser erstes großes Risiko – die Geburt – einzulassen. Da geht es dann um den ersten Abschied! Mit 180 bis 200 Pulsschlägen pro Minute und ziemlich beengt haben wir uns durch das mütterliche Becken gezwängt, schmerzhaft, existenziell für unsere Mutter und für uns, und da gab es auch kein Zurück. Dafür haben gute Geburtshelfer gesorgt. Und jeder

Stillstand auf dieser ersten Reise wäre gefährlich. Dieser erste, lebensentscheidende Übergang, den wir alle gegangen sind, aus unserem besten Wachstumsraum heraus war nur im *Rhythmus* der Wehen möglich, durch die *Regeneration* für Mutter und Kind in den Wehenpausen, durch einen neuen *Raum* – den Schutzraum für die Geburt, den unsere Eltern aufgesucht haben, durch *Reduktion* der Mutter – das Fokussieren auf das Wesentlichste im wahrsten Sinn des Wortes – ein neues Menschenwesen in die Welt, in einen Lebensraum hinein zu gebären. Wie groß war der *Rausch*, das Glücksgefühl, die Begeisterung, als wir es dann endlich geschafft hatten, die Geburt, als wir in einen neuen Raum und wie kleine Amphibien am Mutterbauch in Richtung Brust gerobbt sind – signalisierend, dass wir zwar den ersten Schutzraum tapfer verlassen haben, aber noch immer – jetzt erst recht – Raum für Beziehung brauchten.

Das *Ritual* des Abnabelns war mir als Vater bei all meinen drei Kindern besonders wichtig, als Zeichen dafür, dass sie diesen ersten Raum nun verlassen haben und ich mich mitverantwortlich fühle im Gestalten auch der neuen Räume, die für Wachstum notwendig sind.

> *»… Wir sollen heiter Raum um Raum durchschreiten,*
> *An keinem wie an einer Heimat hängen,*
> *Der Weltgeist will nicht fesseln uns und engen,*
> *Er will uns Stuf' um Stufe heben, weiten.*
> *Kaum sind wir heimisch einem Lebenskreise*
> *Und traulich eingewohnt, so droht Erschlaffen,*
> *Nur wer bereit zu Aufbruch ist und Reise,*
> *Mag lähmender Gewöhnung sich entraffen.*
>
> *Es wird vielleicht auch noch die Todesstunde*
> *Uns neuen Räumen jung entgegen senden,*
> *Des Lebens Ruf an uns wird niemals enden …*
> *Wohlan denn, Herz, nimm Abschied und gesunde!«*

… schreibt Hermann Hesse in seinem Gedicht »Stufen« so klar. Schön langsam verstehe ich, was er mit diesem Raum gemeint hat und staune, dass alle »9R« Relevanz haben für den Übergang von einem Raum in den nächsten – von der Geburt bis hin zum Sterben.

Als geborene Menschenwesen haben wir alle jenes »Raum-Know-how« in uns, wir sind gefordert, diese Räume zu gestalten und zu beleben, Ermöglicher von solchen Räumen zu sein, für uns und für die Menschen, mit denen wir Beziehung leben.

… und irgendwann ist er da, der nächste Übergang in einen neuen Lebensraum. Wir können ihn alleine gehen oder getragen in einer Beziehung, auch gemeinsam in das Risiko des Raumwechsels gehen. Nur der Stillstand kann gefährlich sein, er stresst uns; unser Körper und unser Umfeld sind gefährdet – Stillstand kann uns krank machen!

Es geht darum, dass wir immer wieder – mutig und heiter, wie Hesse sagt – Räume schaffen, Schutzräume nenne ich sie, und damit unsere eigenen Potenziale aktivieren, um zu wachsen und zu heilen.

G.W.

Lebensgeschenk

Jeden Tag
als ein Geschenk
annehmen
staunend
neugierig

tief wertschätzend
darf ich es öffnen
mein Geschenk
täglich aufs Neue.

G.W.

Schutz-
und
Bewegungsräume
schaffen

Wachstums-
und
Entwicklungsräume
entdecken

Genesungs-
und
Heilungsräume
ermöglichen

Raum

Naturraum
begehen
und
pflegen

geben

Freiräume
für mich,
mit dir
gestalten
und erleben

Räume

Im Schutzraum
der Liebe
entstehen wir

Im Bauchraum
der Mutter
wachsen wir

Im Beziehungsraum
unserer Familie
reifen wir

Im Bewegungsraum
riskieren wir

unseren Lebensraum
gestalten wir

Im Begegnungsraum
finden wir

in Räumen
leben wir

beleben sie
belieben sie
verlassen sie

zu neuen Räumen hin

G.W.

Der Weg des Künstlers

Ich erinnere mich noch genau an ein Erlebnis, das ich vor vielen Jahren im Rahmen einer physiotherapeutischen Behandlung hatte. Ich war wegen Verspannungen und anhaltender Schmerzen in der linken Schulter in Behandlung. In einer dieser Sitzungen sagte die Therapeutin zu mir: »Hans, ich sehe, dass dich das Aufrichten noch viel Kraft und Bemühen kostet und dadurch zu Verspannungen führt. Nicht durch das Bemühen kommst du in die Aufrichtung, sondern durch das Loslassen. In dieser Stunde würde ich gerne einen Weg mit dir finden, damit du selbst entdecken kannst, wie du dich durch Loslassen und Freiwerden aufrichten kannst. Wäre es für dich vorstellbar, nachdem ich weiß, dass du gerne tanzt, diesen Weg tanzend zu erleben?«

Ich stimmte zu.

Sie ging mit mir in einen großen Tanzsaal, auf der einen Seite eine durchgehende Spiegelwand, und schaltete Musik an. Anfangs tanzten wir gemeinsam, später jeder »seinen« Tanz.

»Hans, der Raum gehört dir, du darfst ihn dir nehmen«, munterte sie mich auf, um größere Bewegungen zuzulassen.

Es war für mich fremd, mich allein in einem so großen Raum zu bewegen. Diesbezüglich hatte ich ja auch in meinem Leben keine entsprechenden Erfahrungen gemacht. Ich gehe zwar mit meiner Frau gerne tanzen, aber allein auf 50 Quadratmetern, das hatte ich noch nie getan. In meiner leistungsorientierten Herkunftsfamilie hatte Spielen und Tanzen keinen Stellenwert, und Männer, die allein tanzten, wurden doch eher belächelt als geschätzt. So war also diese Einladung zum Tanz für mich auf mehreren Ebenen eine Herausforderung.

Die Therapeutin kostete für sich diese 50 Quadratmeter voll aus, dann aber stellte sie sich zum Fenster und sagte nochmals: »Hans, der Raum gehört dir. Tanze deinen Tanz!«

Es ist die Kunst eines Therapeuten – und diese Therapeutin beherrscht diese Kunst besonders gut –, das Gefühl der Sicherheit zu geben, das es braucht, um sich dehnen und mutig neue Erfahrungen machen zu können, eine Atmosphäre zu schaffen, die in Respekt und Achtsamkeit Angst nimmt und Raum gibt, um die eigenen Potenziale zu entdecken und blockierte Emotionalität freizusetzen.

Schaute ich anfangs noch zur Therapeutin, um mir die Bestätigung zu holen, dass es »richtig« sei, was ich machte, und es auch nicht »peinlich« wirkte, gehörte der Raum später doch ganz mir!

Sie lachte mir zu, legte unterschiedliche Musik auf und ich tanzte in eine Freiheit und in einen Flow, nach dem ich mich, ohne dass es mir in dieser Form je bewusst gewesen war, schon lange gesehnt hatte. Während des Tanzens spürte ich bei mir auf einmal beglückende Berührtheit, und heute, nach so vielen Jahren, weiß ich, dass mir die Therapeutin damals meinen Weg des Künstlers gezeigt hat.

Ich habe damals erstmals so bewusst erlebt und erlebe seither durch bewusstes Dehnen im Schutzraum immer öfter, wie berauschend es sein kann, wenn ich meine Flügel voll entfalte und fliege, frei und lebendig. Immer wieder erlebe ich in Träumen, ich nenne sie meine Flugträume, wie ich mich kraftvoll abstoße und fliege, um über Häuser, Wälder, Seen genießend zu segeln wie die Möwen im Wind.

Die Arbeit am Künstler ist seit vielen Jahren ein besonders wichtiger Teil meiner medizinisch-therapeutischen Arbeit geworden. Zeigen denn nicht oft Beschwerdebilder wie Schlafstörungen, Infektanfälligkeiten, Verdauungsbeschwerden, Nacken- und Wirbelsäulenschmerzen, Bluthochdruck und andere

Erkrankungen an, dass Lebensflüsse blockiert sind? Ebenso können auch traurige Verstimmtheiten, Beziehungsprobleme, Libidoveränderungen, Arbeitssucht, Fanatismen und andere Fixiertheiten zeigen, dass ein tief authentischer Teil – nämlich der Künstler in mir – nicht leben kann.

Wichtig scheint mir zu erklären, dass ich unter einem Künstler nicht automatisch einen Menschen verstehe, der einem künstlerischen Beruf nachgeht, ein Instrument spielt, malt oder ein Kunsthandwerk erlernt hat. Der Weg des Künstlers ist Ausdruck tiefer Authentizität und eigenständiger Lebendigkeit. Der Künstler hat den Mut, auch einmal etwas Verrücktes zu tun, auch Festgefahrenes zu verrücken. Der Künstler muss nicht immer etwas Spektakuläres machen, aber es gelingt ihm auf seinem Weg immer wieder, funktionale Überlebensmuster zu überdenken, von eingefahrenen Wegen auch abzugehen, Neues zu schaffen und seine ureigenste Bestimmung zu leben.

Der Künstler, von dem ich hier schreibe, hat nichts mit spektakulären Events und Attraktionen zu tun (vielleicht auch), es geht hier vielmehr um die Kunst, den Künstler in mir und in dir zu entdecken und ihm zu helfen, leben zu können und seinen Ausdruck zu finden.

Aus unserer langjährigen ärztlichen Tätigkeit, aber auch aus den Forschungsergebnissen der Psychoneuroimmunologie wissen wir, welch starken Einfluss Schlaf, Beziehung, Leidenschaft, Freude, Zufriedensein und Authentizität auf unser Gesundsein und Gesundwerden haben. So ist es doch ganz selbstverständlich, dass wir uns im Rahmen unserer medizinisch-therapeutischen Arbeit bemühen, den Künstler in unseren Patienten zu aktivieren.

Im Klosterhof von Pernegg ist ein Zitat von Platon zu lesen: »Jeder wird ein Dichter, wenn Eros ihn berührt.«

Viele von uns haben schon erlebt, wie kreativ wir sein können, wenn wir verliebt sind. Menschen, die jahrelang nur Arbeit und Funktion kannten, schreiben auf einmal Gedichte, basteln, schmücken Haus und Garten, werden spontan, lustig und einfallsreich.

Auf einmal fließt das Leben!

Liebende Mütter und Väter gestalten für ihre Kinder und Freunde voll Inbrunst und Freude Geburtstagsfeiern voll einfallsreicher Ideen.

Der Künstler in uns darf leben, ungebremst und voll im Fluss.

»Tanze, als würde niemand zusehen.
Liebe, als seist du noch nie verletzt worden.
Singe, als ob niemand dich hörte.
Lebe, als wäre der Himmel auf Erden.«
(Mark Twain)

H.W.

Das Feine

Ich will
das feine
»Zwischenuns«
halten und nähren
hegen und pflegen

Ich will
Achtsamkeit und
Bescheidenheit
täglich neu einladen
mit dabei zu sein
in meinem Leben

Ich will
neu lernen
zu lernen
spielerisch
und ohne Angst

Ich will
spielen üben
und üben üben
und tanzen
und singen

Ich will
vom Wollen
zum Sein
in
achtsamen
spielerischen
lernenden
tanzenden
singenden
übenden
Begegnungen

G.W.

Beziehungsräume

Unser Sohn Stanis ist jetzt 23 Jahre jung. Er ist bei uns am Hof mit Tieren aufgewachsen. Ich erinnere mich, ihn schon als Kleinkind aufs Pferd gesetzt zu haben, mit dem Resultat, dass er einen besonders feinen Zugang zu Tieren, im Speziellen zu Pferden gefunden hat. Stolz differenziert er, wenn wir über seine Begabungen sprechen: »Reiten hast du mir beigebracht – aber die Beziehungsarbeit, den Zugang zu und den Umgang mit Tieren, den habe ich mir selbst erworben.«

Nach einem längeren Aufenthalt in den USA, wo er nach seiner Methode Pferde zugeritten und trainiert hat, hat er mich nun eingeladen, seine Methode der Beziehungsarbeit mit Pferden von ihm zu lernen. Seither bin ich sein Schüler. Manchmal sagt er zu mir: »Das, was du mit den Menschen machst, das gilt auch für den Umgang mit Tieren. Du arbeitest mit Menschen, und ich zeige dir, wie das mit den Tieren geht.« – Von meinem Vater habe ich den englischen Reitstil gelernt, der viel mit Dressur und Haltung zu tun hat. Und von meinem Sohn lerne ich, mit Pferden zu tanzen.

»Wenn du mit dem Pferd in Verbindung kommen willst, muss du ganz präsent sein«, war die erste Lektion, »und nicht übermüdet den Sattel auflegen und dann davongaloppieren. Das Pferd übernimmt dann deine Unruhe, und der Machtkampf beginnt, bevor du noch losgeritten bist.«

»Es ist wichtig, dass du für dich und dein Pferd einen Raum schaffst, in dem ihr euch aufmerksam und in Vertrauen aufeinander einlassen könnt, in voller Präsenz.«

Als ich das hörte, musste ich innerlich schmunzeln, denn die meisten Konflikte habe ich mit Stanis, wenn wir uns eben nicht jenen Raum schaffen, der für unsere Vater-Sohn-Begegnungen so wichtig ist. In meiner Ordination achte ich darauf, genau jenen Schutzraum zu gestalten und zu pflegen, der für eine heilsame Arzt-Patienten-Beziehung oder auch eine Paarbegleitung so notwendig ist.

Seit ich bei Stanis Beziehungsarbeit mit Pferden lerne, sind sechs Monate vergangen, und ich bin insgesamt vier Mal auf dem Pferd gesessen. Er trainiert mich in der Achtsamkeit, die Pferdesprache zu verstehen. Von meinem Vater habe ich gelernt, den Pferden anerkennend fest auf den Hals zu klopfen. Jetzt erkenne ich, dass das nicht für jedes Pferd entspannend ist, manchmal sogar das Gegenteil auslöst, wenn ich es fest auf den Hals klopfe.

In vielen Stunden Bodenarbeit lehrt Stanis mich und mein Pferd feine Regeln der Kommunikation. Es geht bei Mensch wie bei Tier um Vertrauen und Präsenz und um schützende Räume für Begegnungen.

»Wenn dem Pferd etwas gelingt, dann musst du es sofort und lautstark loben! Du arbeitest mit einem jungen Pferd, das gerade lernt, und es ist wichtig, dass ihr jede Begegnung in guter Stimmung abschließt und nicht in einer frustrierten Stimmung auseinandergeht. Wenn du mit dem Pferd einen Konflikt gehabt hast, wenn die Beziehung zwischen euch abreißt und das Pferd als Fluchttier panikartig reagiert und Angst zwischen euch ist, dann brauchst du sehr viel Achtsamkeit, um zu erkennen, wenn dem Pferd wieder etwas gelingt! Dann ist es gut, wenn du dein Pferd ausgiebig lobst, damit es wieder Sicherheit bekommt.«

Das Gefühl, nicht gesehen, ignoriert zu werden – fehlende Wertschätzung –, löst in unserem Gehirn ein ganz ähnliches Phänomen wie ein Schmerzreiz aus. Das Resultat ist dann logischerweise Aggression, in der Pferdewelt sind das Flucht oder Unwilligkeit, jedenfalls Wege, aus dem schmerzhaften Kontakt zu gehen.

An dieser Stelle denke ich an Sepp, einen 40-jährigen Vater von drei Kindern, der klagt, dass es ihm nicht mehr gelingt, eine Verbindung zu seinem 15-jährigen Sohn Wolfgang herzustellen: »Wenn ich nach Hause komme und ihm begegnen will, verlässt er ohne zu grüßen das Zimmer. Beim Essen spielt er mit seinem Handy, an familiären Aktivitäten beteiligt er sich nicht, und wenn ich dann mal explodiere, verlässt er – ohne Stellungnahme – den Raum. Wir haben uns voll auseinandergelebt. Er versaut mir die schönsten Urlaube, und manchmal genügt es, dass wir uns sehen, und schon fliegen die Fetzen. – Jetzt raucht er auch noch, und so wie es aussieht, wird er die Klasse nicht positiv abschließen. Dafür hängt er jede Nacht bis drei Uhr früh im Internet.«

Was Sepp und sein Sohn Wolfgang brauchen, ist ein Schutzraum, in dem sie einander wieder begegnen können. Manchmal sind die Verletzungen auf beiden Seiten so tief, dass es professioneller Hilfe bedarf, um die beiden aus ihrer Reaktivität herauszuholen und zu befreien. Sepp wird in diesem Schutzraum lernen, was ihm sein Sohn so alles widerspiegelt aus seiner eigenen Geschichte und aus seinen eigenen Spannungen. Er wird lernen, in einer gut geführten Vater-Sohn-Begegnung viel sensibler auf die feinen Zeichen zu achten, durch die er mit Wolfgang kommunizieren kann. Und Sepp wird auch lernen, sich mit seinen eigenen »Wolfgang-Anteilen« – dem Wilden, dem Aufbegehren, der Flucht, dem Aus-dem-Kontakt-Gehen und auch dem Rausch – auseinanderzusetzen.

»Ich bin in meinem Job sowieso unter Druck«, erzählt Sepp, »und wenn ich jetzt am Abend nach Hause komme, geht es erst richtig los. Nicht selten habe ich dann nach so einem Krach mit Wolfgang auch noch einen Konflikt mit meiner Frau. In solchen Situationen will ich nur mehr weg, kann nicht gut schlafen, bin erschöpft, und weil ich selbst unglücklich und unausgeglichen bin, passieren mir Fehler, die Arbeit macht mir nicht mehr so viel Spaß, mir gehen dann alle und alles auf die Nerven.« – An dieser

Stelle wiederhole ich den letzten Satz von Sepp wortwörtlich und lade ihn ein, in die Welt seines Sohnes Wolfgang zu gehen und genau hinzuspüren, ob es da nicht Parallelen gibt.

»Wenn du ständig an deinem Pferd herumnörgelst, wenn du es nur abrichten willst, dann nimmst du ihm alle Leichtigkeit und Eleganz, mit der es sich bewegt, wenn es ausgeglichen ist. Du kannst das Pferd dressieren, dann wird es dir mehr oder weniger verspannt folgen, oder du gehst mit dem Pferd in Beziehung, dann wird es seine ureigensten Qualitäten im Wechselspiel von Freiheit und Bindung gemeinsam mit dir entwickeln, ihr werdet lernen und beide Spaß haben miteinander«, sagt mein Sohn Stanis, und ich merke, dass ich gerne Schüler bin bei ihm. Und langsam erahne ich, dass es im Leben um beides geht – Ermöglicher zu sein und auch immer wieder Lernender. Mehr denn je erfahre ich das derzeit bei meinen erwachsenen Kindern, aber auch schon bei meinen Enkelkindern. Wenn ich Stanis zusehe, wie er mit den Pferden tanzt, dann will ich diesen Tanz der Beziehung auch mit ihm tanzen.

Sepp wird als Vater lernen, seinem pubertierenden Sohn Wolfgang mit ausreichend Energie und Kraft zu begegnen, er wird lernen, für sich als Vater jene Räume zu schaffen, in denen er sich erholen kann, und er wird als Vater auch Begegnungsräume mit seinem Sohn Wolfgang schaffen. Es wird notwendig sein, dass er Störungen dieser geschaffenen Schutzräume ganz klar anspricht und Wolfgang klar stoppt. Denn dieses »Stopp!« und die klaren Grenzen braucht Wolfgang auch, aber aus einer gelebten Beziehung heraus und nicht unter Missbrauch der väterlichen Autorität oder mit der Androhung von Taschengeld- oder Laptopentzug. Wolfgang würde da ähnlich reagieren wie unser junges Pferd mit einer Kandare im Maul, aber ohne Verbindung mit mir: Es würde mich abwerfen! Das Gleiche tut Wolfgang mit seinem Vater.

Genauso wichtig ist auf der anderen Seite, dass der Vater die Stopp-Signale des Sohnes erkennt und darauf als Älterer achtsam und in Beziehung reagiert.

Um Beziehungsräume zu schaffen braucht es Zeit, Kraft, Konsequenz und den Willen, immer wieder an der Verbindung zu arbeiten. Wir brauchen beides für gesundes Wachsen und Lernen: Bindung *und* Autonomie!

G.W.

Vater, Mutter, Kind

Wenn die Herzen der Väter und Mütter
offen werden
für ihre Kinder

Wenn Kinder von Eltern
und Eltern von Kindern
verstehend lernen

Wenn wir Brücken bauen
und uns erkennen
als Mütter – Töchter – Väter – Söhne

dann werden Herzen frei
und wachsen …
… in ein lebendiges Leben hinein.

G.W.

Raum geben

Raum geben
eine Herausforderung.
Respekt und Achtsamkeit helfen –
vor allem aber Liebe.

Raum geben
damit Verletzungen heilen können.

Raum geben
damit Entwicklung zum Freisein möglich wird.

Raum geben
damit Beziehung gelingt
und das Leben fließen kann in Leichtigkeit
– und tiefem Vertrauen.

H.W.

Abgrenzung?

Lange Zeit war das Wort Abgrenzung in psychotherapeutischen Praxen und im Seminarbereich fast ein Modewort.

Jetzt haben es viele Menschen gelernt und beherrschen es heute fast perfekt, sich abzugrenzen, und haben eine überaus gut entwickelte Stopp-Kompetenz. Wenn Abgrenzung aber zum alleinigen Lebensprinzip wird, spüren wir erst viele Jahre später, dass wir damit auch unsere Lebendigkeit, Spontaneität und Herzlichkeit abgegrenzt haben und ein erfüllendes, rauschvolles Leben ausgrenzen. Denn erfüllende Beziehungen, gelingende Begegnungen sind grenzenlos, offen und deshalb im Endeffekt so wohltuend.

Haben Sie schon verliebte Menschen erlebt, die sich gegenseitig voneinander abgrenzen?

Haben Sie große Liebesbeziehungen, gelungene Eltern-Kind-Beziehungen oder tiefe Freundschaftsbeziehungen erlebt, die sich dadurch charakterisieren, dass die gegenseitige Abgrenzung in ihnen gut perfektioniert wurde?

Wenn ich keine Essstörung habe, brauche ich beim Essen keine Stopp-Kompetenz zu üben, sondern kann nach Lust und Laune essen, ohne dass ich dabei Schaden nehme oder gar krank werde.

Wenn ich kein Alkoholproblem habe, brauche ich auch hier keine Stopp-Kompetenz zu üben, sondern weiß ohne Abgrenzung, wann es genug ist und in welchen Situationen ich mehr als gewöhnlich trinken kann.

Meist sind nicht die Mitmenschen, das Essen, der Alkohol, die

Zigaretten, die Drogen oder die Arbeit das Problem, sondern es ist meine eigene Dysbalance, bis hin zu Krankheit oder Störung, die hier Schwierigkeiten bereiten kann.

Wenn ich gut in meiner Mitte bin, einen stabilen Selbstwert habe, wenn ich selbst weiß und spüre, was ich will, was ich nicht will, was mir selbst oder den Menschen, die mich umgeben, guttut, dann brauche ich mich um Abgrenzung nicht zu bemühen. Denn das, was wir als Respektieren von Grenzen in gelungenen Beziehungen kennen, entsteht im Leben ganz von alleine im achtsamen Miteinander.

Abgrenzung und Stopp-Kompetenzübungen sind brauchbare und notwendige Hilfestellungen, wenn Störungen vorliegen.

Störungen kann es bei mir selbst geben, aber auch in allen Beziehungen wie Partnerbeziehungen, bei Kindern, Arbeitskollegen und Freunden.

Deshalb kann auch Heilfasten eine gute Übung sein, um für mich selbst in Bezug auf Essen, Trinken, Arbeit oder andere Lebensbereiche wieder in Balance zu kommen.

Wenn Störungen in Freundschafts-, Partner- oder Familienbeziehungen vorkommen, ist es notwendig, die Störung anzusprechen und sich notfalls abzugrenzen, wenn jemand zu bestimmend oder übergriffig wird und sich selbst mehr wahrnimmt als den anderen.

Dann ist es notwendig, Grenzen zu setzen und Schutzräume zu schaffen, damit Heilung ermöglicht und eine neue, für alle stimmige Balance geschaffen wird.

Durch Abgrenzung werde ich sicher nicht den erfüllenden, kreativen Flow erleben oder in gelingende Beziehungen kommen, weil ja immer etwas Blockierendes im Weg steht.

Erfüllende Beziehungen sind im Endeffekt frei von Abgrenzung und schaffen durch gegenseitiges Wahrnehmen doch immer wieder neue Schutzräume, um Wachstum zu ermöglichen. Während ich diese Zeilen schreibe, fällt mir eine Begebenheit aus meinem eigenen Leben ein.

Vor zirka 30 Jahren, am Beginn meiner ärztlichen Tätigkeit, hatte ich mit meiner Frau oft Konflikte, weil ich mich nicht gut genug von Menschen abgrenzte, weil ich von diesen, egal, wo ich mich gerade befand – in Konzertpausen, Lokalen oder bei anderen gesellschaftlichen Ereignissen –, ständig wegen ihrer gesundheitlichen Probleme angesprochen wurde, sie mir von Unfällen, Untersuchungen oder Operationsergebnissen erzählten und diese Gespräche oft ausuferten. Meine Frau, die neben mir stand, war dann natürlich oft traurig oder ärgerlich, weil sie sich den Konzerthausbesuch, den Ausflug oder den gemeinsamen Lokalbesuch anders vorgestellt hatte.

»Du musst dich halt besser abgrenzen!«, lautete die einhellige Botschaft von unseren Freunden.

Abgrenzen kann ich mich – Gott sei Dank – bis heute nicht und will es auch nicht!

Aber ich habe für mich entdeckt, dass nicht die Menschen, die mir ihre Sorgen anvertraut haben, übergriffig waren, sondern ich allein war es, der sie – unbewusst – dazu ermuntert hat, mir ihre gesundheitlichen Probleme zu schildern.

Heute weiß ich, dass damals auch meine Unsicherheit als junger Arzt eine Rolle gespielt hat, weshalb ich im Gespräch jeweils nachfragte, vielleicht auch aus dem unbewussten Bedürfnis heraus, als guter Arzt wahrgenommen zu werden.

Anfangs habe ich dann versucht, mich abzugrenzen, wir haben weniger Veranstaltungen besucht und ich habe Redewendungen, die übrigens nie funktioniert haben, eingelernt, wie ich mit solchen Situationen besser umgehen könnte.

Heute treffe ich dieselben Menschen und kann mich herrlich unterhalten, ohne mich abgrenzen zu müssen und ohne mir ausufernde Befundergebnisse schildern zu lassen.

Wenn wir in Dysbalance sind oder andere Störungen vorliegen, ist Abgrenzung notwendig.

Wenn aber Abgrenzung zum eingelernten Muster wird, zum Beispiel im beruflichen Umfeld, aber noch viel zerstörerischer im freundschaftlichen Umfeld, können Isolation, Egozentrik und Einsamkeit entstehen.

Manchmal ist das für mich bei jungen Ärzten in Krankenhäusern zu spüren, die sich oft aus Unsicherheit pseudo-professionell abgrenzen und dadurch ihre Empathie einbüßen und oft herzlos und unnahbar wirken, obwohl sie im privaten Umfeld sehr herzlich und mitfühlend sind.

Oder auch bei Menschen, die ihr Leben – meist auf Kosten anderer – aalglatt abgegrenzt in einer oberflächlichen Funktionalität gestalten. Oft verblüffen diese Menschen durch scheinbar perfekte Lebenskonzepte mit »perfekter« Arbeits- und Freizeitgestaltung und hinterlassen auf ihrem Lebensweg beziehungsverletzte Menschen. Ich meine Menschen, die für sich alles »checken«, optimieren, vom neuesten Mountainbike über die attraktivsten Kletterevents bis zu zwei Mal pro Woche Fitnessstudio, Yoga und so weiter, die aber leider oft auch Partner oder Partnerin, Kinder und Freunde abgrenzen und abstoppen, falls sich ihnen diese unpassend in den Weg stellen.

Ich denke jetzt gerade an eine 26-jährige Frau, die überraschend schwanger geworden ist. Nathalie hatte in ihrem Leben sicher nichts ausgelassen, war von ihren Eltern umständehalber früh ins Erwachsenenleben und in die Selbstständigkeit entlassen worden, war eine sehr gute Schülerin, Studentin gewesen, sportlich on top, gut mit Geld versorgt, beruflich erfolgreich, sonst aber allein. Und sie hatte es gelernt, sich perfekt abzugrenzen, wenn etwas nicht gut in ihren Plan passte. Nathalie hatte viele Bekannte, auch viele meist nur kurz dauernde Partnerschaften, aber keine wirklichen Freunde. Und auf einmal war sie schwanger, zwar nicht geplant, für sie aber auch nicht erschreckend, weil sie ja gelernt hatte, »Stopp!« zu sagen.

Nathalie kam in die Ordination und sprach in ihrer direkten Art das Thema Abtreibung an. Wir besprachen Vorteile und Nachteile einer Abtreibung.

»Was wären denn die Vorteile einer Abtreibung?«, fragte ich sie.

»Freiheit und Unabhängigkeit«, war ihre spontane Antwort.
»Und was noch?«, fragte ich weiter.

Nathalie dachte nach und sagte dann: »Dann könnte ich mein Leben so weiterleben wie bisher.«

Ich spürte, wie in Nathalie etwas vor sich ging, sie nachdenklich wurde und nach einer längeren Pause beide Hände nach oben streckte wie beim Gähnen oder Strecken, und unsicher lachend sagte: »Will ich das überhaupt?«

»Du hast doch ein schönes, freies Leben, viele Möglichkeiten und einen schönen Beruf, gibt es etwas, das du dir wünschen würdest oder etwas, das dir abgeht?«

Und jetzt formulierte Nathalie spontan jenen bemerkenswerten Satz, dessentwegen ich diese Geschichte hier erzähle:

»Ich möchte grenzenlos lieben«, sagte sie.

Worte, die ich von Nathalie, obwohl ich sie gut kannte, so nicht vermutet hätte.

»Was bedeutet grenzenlos lieben für dich?«, fragte ich nach.

»Etwas, das immer bleibt, das nie vergeht.«

»... aber auch manchmal sehr im Weg stehen kann«, setzte ich den Satz fort.

»Aber Liebe, echte Liebe, kann doch niemals irgendwo im Weg stehen«, sagte sie.

»Nathalie, du verblüffst mich, noch nie habe ich dich so sprechen gehört.«

»Ich mich auch nicht«, lachte sie, »aber es tut so gut, mit dir so zu sprechen.«

»Nathalie, kennst du einen Menschen, der dich unbegrenzt liebt, so wie du bist, und dem du nie im Weg stehst?«, fragte ich.

»Ja, diesen Menschen gibt es in meinem Leben«, sagte sie, »es ist meine Oma, die liebt mich wirklich unbegrenzt«, und lachte dabei ein so herrlich freies und sicheres Lachen.

Für mich als ihr begleitender Arzt und Therapeut war es so schön mitzuerleben, wie die dialogische Auseinandersetzung – will ich das Kind oder nicht – bereits Wachstum ermöglichte.

Ich bewerte bei den Patienten in der therapeutischen Arbeit weder die eine noch die andere Entscheidung, es muss nur die eigene, tief authentische Entscheidung werden können.

Starre, eingefahrene Lebenskonzepte lassen oft keinen Spielraum für Überlegungen, sondern führen dazu, das Leben nach kleineren oder größeren Störungen reaktiv und gleichförmig fortzusetzen. Nathalie aber überlegte und ließ bei der Überlegung viele Möglichkeiten und vor allem Gefühle zu.

Beziehung und Liebe sind grenzenlos!

Beziehung und Liebe schaffen – fast von alleine – ihre Räume, Schutzräume, unbegrenzt begrenzte Lebensräume.

Soll ich die Geschichte von Nathalie zu Ende erzählen?

Nathalies Tochter ist heute 7 Jahre alt. Nathalie ist eine Traummutter, was sie ja auch schon bei unserem ersten Gespräch in der Ordination war. Ich durfte sie mit ihrem Freund durch die Schwangerschaft begleiten, und wir führten viele so berührende Gespräche wie das oben geschilderte.

Durch das Niederreißen ihrer Schutzmauern konnte Nathalie jene beeindruckende Gefühlswelt leben, die sie schon immer in sich trug, aber aus Verletztheiten durch Abgrenzung für sich behielt. Vielleicht konnte Nathalie durch die Liebe ihrer Großmutter auch die eigene Liebe zu ihrer Tochter leben und damit einen heilsamen Weg aus der sehr abgegrenzten, leistungsorientierten Elternwelt finden.

Deshalb sollen auch unsere »9R« nicht als Rezept verstanden werden, sondern vielmehr als Impulse, um aus eingelernten, oft nicht mehr sehr lebendigen Verhaltensweisen wieder herauszukommen. Ein Leben auf Rezept gibt es nicht. Sind nicht stete Veränderungsprozesse genau das, was unser Leben ausmacht? Je eher wir uns auf Veränderungen einlassen, sie ausbalancieren, integrieren, umso gelingender wird unser Leben sein. Diese Fähigkeit hat direkten Einfluss auf unser Gesundsein, aber auch auf unsere Krankheits- und Heilungsverläufe.

Unser Körper ist dabei unser bester Coach und grenzt uns schützend ab, mit Infekten bis hin zu Panikattacken oder anderen Störungen, damit wir aus Dysbalancen wieder in die Mitte kommen und damit wir mit uns und damit auch mit den Menschen, die uns umgeben, wieder in Verbindung kommen können. Unbegrenzt und weit!

H.W.

Vertraute Plätze

geben Raum
Schutzraum
Freiraum
Begegnungsraum

Vertraute Plätze
geben Sicherheit
schaffen Verbindung
zu mir
zu dir
ins
Zwischenuns

zur Kraft
die uns
gestalten
leben lässt

G.W.

zurückführen
aus der Überfülle
in die Einfachheit

fokussieren

wesentlich sein

einfach
ganz da
sein

Reduktion

einfach
gut

Ballast abwerfen
und loslassen

auf den Punkt
bringen

Reduzieren

loslassen
verabschieden
absagen

abgeben
aufgeben
enttäuschen

aussteigen
verzichten
Platz machen

abnehmen
ausscheiden
verbrennen

klären
ausräumen
verlangsamen

zurück
führen

zum
Wesentlich-Sein
für DICH
und MICH.

G.W.

I take the silence

Es war für mich ein aufregendes Seminar! Führungskräfte aus verschiedenen europäischen Ländern kamen nach Pernegg, um sich drei Tage mit mir zum Thema »Ressourcenbewusstes Leben und Führen« auszutauschen. Ich hatte mich intensiv darauf vorbereitet, eine liebe Freundin hatte mich trainiert, damit ich dieses Seminar gut in Englisch abhalten konnte.

Neben vielen Impulsen zu Beziehung, Ernährung, Konfliktkultur, Kommunikation und Bewegung gab es am dritten Tag auch eine Meditation. Nach entsprechender Vorbereitung ließen wir uns fünf Minuten lang auf Stille ein – eine besondere Übung in Pernegg, dem Ort der Stille. Die Fenster standen offen an diesem Sommermorgen, und zwölf erwachsene Menschen begrüßten – wach im Kreis sitzend – die Stille, genau jene Stille, die uns immer wieder verloren geht.

Eine Stille, die einen erst dorthin führt, wo wirkliche Veränderung entspringt – zu uns selbst, in Verbindung mit unserem Körper. Eine Stille, die uns wieder unsere Atmung bewusst macht und somit unser Sein. Eine Stille, die uns täglich das Geschenk gibt, aus dem Funktionieren des Getriebenen in das gegenwärtige Sein einzutauchen. Eine Stille, über die wir danach nicht viel reden brauchten, die es »ganz einfach« zu erleben galt.

Ich begleitete anschließend den dritten Seminartag zu Ende und erzählte noch vieles, als sich dann in der Schlussrunde eine der Teilnehmerinnen höflich für die drei Tage bedankte: »Thank you for all the inputs you gave, but the most important thing I will take from Pernegg is the silence!«

Das war für mich schon ein spezielles Feedback – nach einem dreitägigen Workshop mit vielen Übungen, Impulsen und Referaten! Ich habe gelernt und bin einmal mehr darin bestätigt worden, dass Menschen große Sehnsucht nach Stille haben. Es hat mir Mut gemacht, in meinen Seminaren und manchmal auch in der ärztlichen Behandlung solche Momente der Stille anzubieten und einen Schutzraum zu schaffen, in dieser Stille die Menschen mit sich in Verbindung zu bringen und so mit ihren Ressourcen und Potenzialen zu heilen und zu wachsen.

Auf Stille kann unser Organismus besonders fein reagieren: Die Atmung kann sich vertiefen, die Herzfrequenz sinkt, die Muskeln können sich entspannen und mit jeder bewussten Ausatmung kann ein Stück Loslassen gelingen – Loslassen des Vielen, das wir oft so verzweifelt festhalten. Stille kann Regeneration ermöglichen, für Stille braucht es auch Mut. Mut, sich auf das Risiko der Stille einzulassen.

Der von mir geschätzte Freund und Lehrer Waldefried Pechtl sagt: »Für die bewusste Steuerung von Lebensprozessen braucht es eine bewusste Atmung.« – In der Stille können wir uns die eigene Atmung bewusst machen, es regeneriert der ganze Körper, er entspannt sich, wir bauen Stresshormone ab und machen so den Weg frei für ein gut arbeitendes Immunsystem.

Für mich ist die tägliche Stille zu einem Ritual geworden – ich stelle das auch keinen Tag in Frage, vielmehr stellt mir die Stille Fragen: Wofür tust du das alles, was du heute so vorhast? Was ist dringend, was ist wichtig – was ist wesentlich?

Dieses Ritual der Stille reduziert mich jeden Tag neu. Ich tue das nicht, weil es gesund ist oder mir von irgendjemandem empfohlen wurde, sondern ich tue es, weil es ein Geschenk ist, auf das ich jeden Tag zugreifen kann.

I take the silence! ... in Dankbarkeit.

G.W.

Fixe Bilder

engen ein
verhindern Träume
machen unfrei
verhindern Begegnung
stören Entwicklung
machen Druck

      erstarren
      mich und dich

auf unserem Tanz
durchs Leben.

G.W.

Ein unverhofftes Geschenk

Die Frau eines sterbenskranken Mannes rief mich noch vor dem Frühstück an und bat um dringende Visite. Ich wusste, dass ich um 9 Uhr ein Seminar starten musste, und es war klar, dass ich nun für das Frühstück keine Zeit mehr haben würde. Noch müde und hungrig fuhr ich los, schon von der Früh weg mit der Zeit hadernd und unter Druck. Dabei nehme ich mir doch jeden Tag vor, den Tag gelassen und in Ruhe zu beginnen, was mir auch meistens gelingt, aber dann kommt ein Anruf und schon ist wieder der Zeitdruck da. Genau mit diesem Druck in mir, so gut zu orten in meiner Magengrube, kurvte ich in Richtung meines Patienten, als sich beim Näherkommen zum Bahnübergang langsam, aber deutlich der Schranken schloss. In diesem Moment verfluchte ich mich, meine Zeiteinteilung und die ÖBB. Doch dann stellte ich den Motor ab – kein Radio, kein Handy –, ich öffnete die Wagentür und spürte angenehme, frische Luft – ich blickte kurz in den nahen Wald, schloss dann die Augen und wurde von Momenten der Stille überrascht, wie das nur an einem Bahnübergang im tiefen Waldviertel um sieben Uhr in der Früh möglich ist. Es war genau jene Stille, dieser unverhoffte, geschenkte Moment der Ruhe, der mir den Druck nahm, meine Gehetztheit, und ich kann zwar den Zeitrahmen dieser Stille nicht bemessen, aber ich konnte die Wirkung dieses Augenblickgeschenks am ganzen Körper spüren.

In dieser geschenkten Stille konnte ich meinen Lebensfilm so klar sehen, und mitten in dieser Fahrt stoppte mich ein rot-weiß-roter Bahnschranken und stellte mir die Frage nach meinem Ziel und meinem Lebenstempo.

Die Stille ermöglichte es mir zu spüren, dass sie mir guttut und dass ich sie brauche, um in Verbindung mit mir zu kommen und zu bleiben, als Voraussetzung für die Verbindung mit jenen Menschen, denen ich an diesem Tag begegnen würde.

Wenn ich mit mir in Beziehung bin, dann bin ich auch störbar, weil ich dann beurteilen kann, wenn es zu viel ist. Wir sind ja gebaut und so ausgestattet, auch über Grenzen hinauszugehen, und in der Verbundenheit können wir auch, wenn es gefordert ist, über uns selbst hinauswachsen. Das Geschenk der Stille, der sich unverhofft eröffnende Raum, ist ein wesentlicher Haltegriff, uns immer wieder in die Verbundenheit zu führen. Störungen sind normal, sie gehören zum Leben, bieten immer wieder Anlass zur Auseinandersetzung und führen zu der legitimen Frage: Was ist jetzt gefordert? – Ja oder nein zu sagen!

Seither gibt mir die »Stille am Bahnschranken«, der mir den Weg versperrt, immer wieder Zuversicht, und ich lerne, unverhoffte Pausen als Geschenk für mich anzunehmen, um in der Selbstverbundenheit die richtige Entscheidung zu treffen.

G.W.

Gier und Bescheidenheit

Die Gier	
ist verwandt	*Die Bescheidenheit*
mit der Angst	*ist verwandt*
dem Tempo	*mit der Geborgenheit*
dem Stress	*dem Sein in Ruhe*
dem Kranksein	*und der*
	Dankbarkeit
	im sinnvollen
	Sein

G.W.

brauchen Pflege

sind wertvolle
Haltegriffe
auf dem Weg
durchs leben

sind hilfreich
in
unruhigen Zeiten

sind vertraut
und geben
Sicherheit

Rituale

feierlich und festlich
in Beziehungen

Orientierungshilfen
und
Ordnungsimpulse

ein Kuss
ein Segen
Begrüßung
Abschied

Das Commitment

… wie soll ich's übersetzen? – »Das Versprechen« – »Die Vereinbarung« – … und warum das englische Wort in unserem Buch, das in deutscher Sprache geschrieben ist? Ist es Scheu oder Angst, zu konservativ daherzukommen mit so altmodischen Begriffen wie »Versprechen«? Da fehlt dann nur noch das – spätestens seit dem letzten Jahrhundert so zerstörte – Wort »Treue«!

Für mich persönlich ist Treue ein schönes Wort, ganz tief in mir habe ich es fest gespeichert. In und mit dieser Treue kann ich seit vielen Jahren mir wichtige Beziehungen leben und erleben. Es ist erst die Treue und dann die aus dieser Haltung entstehende Freiheit, die mich so manche Beziehung in besonderer Tiefe erleben lassen.

Speziell im deutschsprachigen Kulturraum sind diese Begriffe aber sehr verletzt und missbraucht worden, und so kostet es mich auch jetzt – schreibend – eine gewisse Überwindung, diese Begriffe hervorzuholen und ihnen wieder Platz und Raum zu geben und mich zur Sinnhaftigkeit von Vereinbarungen und Versprechen zu bekennen und meine Berührtheit einzugestehen, wenn ich das Wort Treue an den vielen Menschen vorbeiziehen lasse, die mir in nun schon mehr als 50 Jahren begegnet sind und mich auch begleitet haben – in Treue eben! Und es berührt mich auch, daran zu denken, was in Verzerrung dieses Begriffs an unvorstellbarem Leid, mit unsinnigen Versprechen und »Treueschwüren« verbrochen wurde, wie viele Menschen sich damit Fesseln haben anlegen lassen und – in der Treue gefangen – an ihrem Leben vorbeigelebt haben.

Vielleicht ist es an der Zeit, dass wir – so wie Großeltern an ihren Enkelkindern etwas gesundlieben können, was sie in ihrer eigenen Elternrolle nicht zu 100% geschafft haben – die Ausdrücke »Vereinbarung«, »Versprechen«, »in Treue zueinander stehen« und »miteinander gehen« wieder zu ihrer schönsten Bedeutung »hinleben«, in Beziehungen, zu denen wir uns bekennen, nach denen wir uns sehnen und in denen wir uns auch Kontinuität wünschen.

Wie viele wunderbare Menschen erlebe ich in der Ordination, die schon jahrelang allein leben, im Grunde mit großer Sehnsucht nach einer gelingenden, kontinuierlichen Beziehung. Oft sind sie zu verletzt und trauen sich nicht mehr, einen neuen Landeplatz für eine Partnerschaft freizuschaffen. Sie schütten sich lieber mit Aktivitäten – Stress in der Arbeit und in der Freizeit – zu, und das nur, um nicht wieder eine Nähe zulassen zu müssen, nach der sie sich doch so sehnen. Oft gehen solche Menschen mit Treffsicherheit wieder Beziehungen ein, die nicht lange halten und aus denen sie neuerlich verletzt herausgehen.

Michael ist bei mir in einer klassischen Burn-out-Situation gelandet: totale Erschöpfung, Schlafstörungen, Panikattacken, Selbstzweifel bis hin zur depressiven Verstimmung. »In den letzten Jahren wurde mir alles zu viel: Zuerst die Scheidung von meiner Frau, dann der Rosenkrieg, meine Sorge um die heranwachsenden, gemeinsamen Kinder, meine Flucht in die Arbeit und dann immer wieder Beziehungen mit Frauen, viel Sex, aber nie wirkliches Landen, viel Stress – wieder Verletzungen – Hoffnungen – und dann wieder allein unterwegs in die Firma, von der Firma, vom Flugplatz nach Hause kommen – und wieder allein – und wieder Diskussionen mit der Exfrau, wissend, dass wir, beide noch verletzt, uns das Leben nach der Trennung gegenseitig auch nicht gerade erleichtern.«

So hat Michael mir seine Lage geschildert, und es bedurfte einer längeren Begleitung, bis sich der 48-jährige Mann mit zwei fast erwachsenen Söhnen langsam wieder ordnen konnte. So manche Therapiestunde bestand aus »einfach nur am Rücken liegen und nichts tun«, um langsam wieder die Sicherheit zu erlangen: »Es ist gut, da zu sein«, und die Erfahrung zu machen: »Ich bin nicht alleine.« Er wusste, wenn er in die Therapie kommt, dann bin ich da, und ich lernte, dass mein Da-Sein als Therapeut genügte, es bedurfte nicht vieler Worte, mehrere Therapiestunden habe ich Michael sehr achtsam den Kopf gehalten und war einfach für ihn da.

Michael reduzierte sein Arbeitspensum, nahm sich zunehmend Freiräume und entdeckte parallel zu seiner Managerwelt ein Handwerk, das er mehr und mehr zu seiner Kunst machte und das ihm half, sich auszudrücken.

Genau in dieser Phase, als er die Treue zu sich selbst endlich leben konnte und erstmals eine Ausstellung seiner Werke veranstaltete, verliebte er sich in Anna, die zu diesem Zeitpunkt gerade in Trennung von ihrem Mann lebte – auch sie hatte zwei Kinder aus ihrer ehemaligen Beziehung.

Die beiden entdeckten sich, und nach einem Jahr beschlossen sie zu heiraten. Da sie beide schon einmal kirchlich verheiratet gewesen und nun auch geschieden waren, war ihnen das kirchliche Hochzeitsritual nicht mehr möglich. Beide – Anna und Michael, schon einmal in einer Beziehung gescheitert, zu der sie sich das Ja-Wort gegeben hatten – wollten aber ihre Ehe klar als solche definieren und auch vor all ihren wichtigen Freunden deklarieren. Und so haben sie meine Frau und mich gefragt, ob wir mit ihnen ein Hochzeitsritual vorbereiten und sie durch das Ritual begleiten wollen.

Nach intensiver Vorbereitung – sie heirateten zuerst standesamtlich und formulierten gemeinsam ein Eheversprechen – kam der große Tag der Hochzeit:

… eine große Wiese – ein Festraum auf der Wiese, mit Sonnenblumen begrenzt – ein Sesselkreis und mittendrinnen vier Sessel – zwei fürs Brautpaar, zwei für die Zeugen und etwas dahinter weitere vier Sessel für die vier Kinder aus ihren Vorbeziehungen. Als Ritualbegleiter instruierten wir die Festgäste über den Ritualablauf und die Regeln, wir bauten nochmals einen Schutzraum für Anna und Michael – notwendig und wichtig –, in dem sie einander vor ihren Kindern und Freunden jenes Versprechen geben konnten, auf dem sie ihr gemeinsames Leben begründen wollten.

Musik – feierlicher Einzug – und die beiden sitzen sich gegenüber – Augenkontakt – tiefe Verbindung – umgeben von den für sie wichtigsten Menschen – alle Zeugen ihres Neustarts!

Anna liest einen Satz nach dem anderen ihres Versprechens für Michael vor – Michael wiederholt wörtlich jeden Satz – diese Verbindung wird verstärkt durch 80 Menschen, die rund um sie sitzen, die Zeugen und Begleiter sind – und wir haben in diesem Moment als Begleiter das Gefühl, dass mit Anna und Michael so manches Paar auf der Wiese nochmals mit heiratet.

Dann gibt Michael sein Eheversprechen, und Anna spiegelt Satz für Satz. Dann ein Moment der Stille – für mich jene Stille in der Verbundenheit von Menschen, in der eine segnende Kraft real präsent ist.

Dann ein Lied – entladender Applaus – Tränen und viele Umarmungen – ein feierlicher Auszug von zwei Liebenden, die das Wagnis nochmals eingehen, das Wagnis, in Treue zueinander zu stehen, miteinander zu ernten und das Leben zu genießen in vielfältigen Räuschen.

Danke, Anna und Michael, für euren Mut und euer Zeichen, für euren Neustart und auch dafür, dass ihr euch getraut habt, euch zu trauen, weil ihr einander vertraut. Danke, dass euch Treue ein Wert ist und danke auch dafür, dass ihr damit euren Kindern und vielen Menschen vorlebt, dass es sich lohnt, ein Risiko einzugehen und sich zu trauen. Ihr habt euch zwei Zeugen gewählt, die euch begleiten und in heiklen Phasen an das erinnern, was ihr euch versprochen habt. Ihr habt ein wunderbares Fest gefeiert. Die Kraft von 80 Menschen, die euch durch dieses

Ritual begleitet haben, möge genau dann zur Wirkung kommen, wenn ihr einmal kraftlos und müde seid, damit ihr immer wieder zur Lebendigkeit in eurer Beziehung zurückfindet.

G.W.

Vorsicht

Vorsichtig
miteinander sein

umsichtig
für einander.

Nachsichtig
mit mir und dir

einsichtig
lernend

hellsichtig
träumend

aussichtig
gestärkt.

G.W.

Menschen, die spielen, leben länger

Als meine Tochter den Führerschein machte, begleitete sie mich öfters bei meinen Vortragsreisen. Sie konnte ihre Fahrpraxis verbessern, ich freute mich, mit ihr beisammen zu sein und dass ich nicht selbst fahren musste. Sie hörte sich dann auch den einen oder anderen Vortrag von mir an, was mir anfangs gar nicht so recht war, weil die eigenen Kinder ja besonders kritische Zuhörer sind. Ein Satz, den sie in meinen Vorträgen immer wieder hörte, lautet: Menschen, die spielen können, leben länger! Und dieser Satz mit dem Spielen und dem längeren Leben hat sie wohl sehr beschäftigt. Ich erinnere mich noch an meinen 45. Geburtstag, an dem sie mir ein selbstgenähtes Backgammon-Spiel schenkte. Aus alten Kinderkleidern, die sie aufgehoben hatte, nähte sie Stoffteile so zusammen, dass sich ein Backgammonspielfeld ergab, und statt Steinen suchte sie gesammelte Muscheln von ihr wichtigen Reisen aus.

Ganz berührt fragte ich sie, wie sie auf die Idee gekommen war, mir so ein Spiel zu schenken. »Du sagst doch immer in deinen Vorträgen: ›Menschen, die spielen, leben länger‹, und weil ich dich noch nie spielen gesehen habe, schenke ich dir dieses Spiel und will es dir beibringen«, sagte sie und überreichte mir das wohl schönste Backgammon-Spiel der Welt.

Ich hab's gelernt, das Spielen, von meiner Tochter! Und seither begleitet dieses Spiel meine Frau und mich auf vielen Reisen – ob in Afrika unter dem Moskitonetz oder im Waldviertel am Küchentisch. Wenn wir spielen, tauchen wir in eine ganz wunderbare und verzauberte Beziehungswelt ein. Alle Wichtigkeit wird dann relativiert und ich kann, was sonst selten gelingt, vieles vergessen und erlebe jene spielerische Zweisamkeit und Verbundenheit, die mir und meiner Frau so guttun, und mit jedem gespielten Backgammon – egal, ob ich Sieger oder Verlierer bin – verstehe ich die Bedeutung des Geschenks meiner Tochter Klara mehr.

Klug und liebevoll und spielerisch hat sie mich mit mir selbst und mit meiner Frau in Verbindung gebracht. Wir trinken dazu meist Ouzo und griechischen Kaffee, und um uns herum entsteht ein Schutzraum der Spielenden, den ich daran erkenne, dass, wer immer uns beim Spielen erwischt, uns ein Lächeln schenkt und in mir eine Leichtigkeit und Lebendigkeit auslöst, nach der ich mich doch so sehr sehne – ein Geschenk meiner Tochter!

Meine Tochter Klara kennt mich, und sie wusste genau, was sie alles mit mir tun konnte, und sie wusste auch, dass ich nicht für so übliche Spiele zu haben war. Wahrscheinlich habe ich in meinen Vorträgen so oft vom Spielen gesprochen, weil in meiner Ursprungsfamilie fürs Spielen nie Zeit war. Bei zehn Kindern in einer Kaufmannsfamilie war das Arbeiten und Leisten wohl wichtiger, und spielen galt eher als vergeudete Zeit, wurde in meiner Familie abgewertet. Umso größer war wohl immer meine mir unbewusste Sehnsucht danach, »im Spiel zu versinken«, und mir war auch schon längst klar, dass das Spielen aus neurobiologischer Sicht ein ganz wesentlicher Regenerationsmechanismus für Körper, Hirn und wohl auch Seele ist.

Wer das intuitiv erkannt hat, war in diesem Fall meine Tochter mit dem Wunsch, möglichst lange einen spielenden oder spielerischen Vater zu haben.

G.W.

Zuhören

Dir zuhören
in mich hineinhören
anhören
und
aufhören
mit weghören.

> *Achtsam hören*
> *besser einmal*
> *verhören als*
> *nicht hören*
> *hinhören*
> *aufhorchen*
> *statt*
> *weghören.*

Hören
was gemeint ist
verstehen
nachfragen
hinschauen
spüren   *Zeit lassen*
sehen   *und dann*
verstehen.   *vorsichtig*
              vielleicht
              fragen

          Oder auch
          sagen
          was zu sagen ist

          Oder tun.

          G.W.

Die Managerpause

Nach der ersten Arbeitseinheit in einem Seminar mit Führungskräften aus der Wirtschaft kündigte ich eine 20-minütige Pause an. Reflexartig griffen alle anwesenden Personen in ihre Taschen, um ihre Blackberrys und iPhones zu starten. Telefonierend, SMS schreibend, das Handy mit der Schulter eingeklemmt, mit Kaffee in der Hand gingen sie im Vorraum auf und ab. Da wurden E-Mails abgerufen, natürlich gleich beantwortet, ein anderer hatte die Pause gleich für einen Conference-Call mit mehreren Teilnehmern genutzt. Am Ende der Pause mussten dann alle, vermutlich kaffeegeschwängert, gleichzeitig das WC benutzen, bis dann schlussendlich nach 25 Minuten, also mit fünfminütiger Verspätung, alle wieder ihre »Slaveberrys« auf Flugmodus gestellt hatten, um mit mir weiterzuarbeiten.

»Wie war die Pause?«, fragte ich provokant in die Runde. »Haben Sie das Nussbrot gekostet? Konnten Sie sich gut entspannen? Haben Sie den Obstkorb gesehen, den ich für Sie habe vorbereiten lassen? Sind Sie in der Pause Ihren KollegInnen begegnet, mit denen Sie hier drei Tage verbringen werden? Wie fühlt sich Ihr Körper jetzt an nach der Pause? Haben Sie für Erholung gesorgt?«

Ich beschloss, mit der Managerrunde gleich im Anschluss an die Managerpause einen zweiten Pausenversuch zu starten, diesmal ohne elektronische Utensilien, aber in guter Verbindung mit dem eigenen Körper. Ich empfahl ihnen, darauf zu achten, was sie wirklich brauchen, um sich eine Pause im Sinne von Erholung schenken zu können.

20 Minuten später saßen veränderte Menschen vor mir, Sakkos ausgezogen, Hemdsärmel aufgekrempelt, entspannt und erwartungsvoll und wach. So konnten wir die zweite Arbeitseinheit beginnen.

Wir brauchen Pausen, und wir brauchen Pausenrituale. Das ununterbrochene Funktionieren ist ein Thema für Maschinen, aber nicht für kreative und gestaltende Menschen. Alle Menschen brauchen Pausen, und es ist durchaus eine Frage der Intelligenz, wie ich meine Pausen gestalte.

Im Silicon Valley in Kalifornien, genau in der Region, in der Apple mit unglaublicher Kreativität und Innovationskraft jene Technologie produziert, die einerseits so hilfreich und genial ist, uns andererseits – falsch angewendet – versklaven und abhängig machen kann, haben sie einen Begriff definiert: »Wir sind ohmline!« – im Sinne des buddhistischen Ansatzes von »Ohm« – losgelassen, ganz entspannt, im Hier und Jetzt ruhend. Es überrascht mich nicht, dass Menschen, die in Gruppen Kreatives entwickeln, auch auf diese Kultur der Achtsamkeit der Pausen und des Reduzierens zurückgreifen. Bestimmt gibt es auch schon Apps für tägliche Achtsamkeit und Meditationsübungen.

Pausen sind dazu da, dass wir uns spüren, wieder mit uns selbst in Verbindung kommen und aus dieser Verbundenheit heraus wieder in Beziehungen gehen, um gemeinsam zu entwickeln, zu gestalten und Neues zu kreieren. Wir leben in einer Welt, in der die Herausforderungen in sozialen, in ökologischen, in globalen und in spirituellen Bereichen so groß sind, dass wir sie nur bewältigen können, wenn wir gemeinsam und in Beziehung kreativ an den Lösungen arbeiten. Menschen, die ständig am Funktionieren sind, erhalten ein System, das sich momentan selbst mit großer Geschwindigkeit ad absurdum führt.

Wir brauchen Pausenrituale, die uns wie Haltegriffe helfen: KollegInnen, die Arbeitsgespräche in der Pause nicht zulassen, Obst, genug Flüssigkeit, Freiräume zum Loslassen.

Die pausenlose Managerpause hält uns weiter in der Funktion, bewegt uns immer mehr aus der Beziehung und damit in die Einsamkeit.

»Rest on the rhythm of the day«, hat mir einmal ein mir wichtiger spiritueller Begleiter mitgegeben, als ich ihm klagte, dass ich so schwer zur Ruhe komme und mich immer wieder dabei ertappe, jeden Moment des Tages ausfüllen zu müssen.

Und es stimmt – unser Körper, der beste Coach, gibt uns doch viele Pausenrituale vor:

Kennen Sie jenen wunderbaren Moment des Aufwachens, wenn Sie noch nicht ganz da sind, aus einem behüteten Schlaf heraus aufwachen und noch zu verschlafen sind, um zu überblicken, was der kommende Tag wohl bringen mag? Ist es ein Urlaubstag oder ein Tag voller Termine? Wie werde ich wohl diesen neugeschenkten Tag leben – ein wunderbares Pausenritual zu Beginn des Tages. Oder das Ritual der morgendlichen Dusche oder Körperübungen oder ein genussvoller Morgenlauf?

Sie können sich drei Mal täglich gesund ernähren oder auch drei Mal täglich eine Pause machen, um genussvoll in schöner Stimmung ein Fest zu feiern, bewusst alleine, oder auch in Gemeinschaft Lebensmittel aufzunehmen – in einer Zeit, die wir auch Mahlzeit nennen. Ein weiteres »Pausenritual« kann der Weg aus meiner privaten Welt in die Arbeit sein oder auch der Weg aus meinem Arbeitsleben zurück in mein Zuhause. Diese Übergänge achtsam zu gestalten ist dreifach wichtig: für mich, für meine privaten Beziehungswelten und für mein Arbeitsumfeld und die dort gelebten Beziehungen.

Für mich ist seit vielen Jahren ein wesentliches Ritual meine erste Pause, gleich in der Früh, eine Zeit der Stille, eine Zeit des Zentrierens in einer 10- bis 15-minütigen Meditation.

Und dann das wunderbare Ritual des Nach-Hause-Kommens, bei aller Gefordertheit, die mich dort erwartet, ich habe ein Zuhause, ich darf ankommen. Schön, wenn mich dort auch jemand liebevoll erwartet und das auch umgekehrt.

Ein Singen im Chor, ein Spiel, ein Hobby und vieles mehr! Rituale sind Haltegriffe, oft mit Pausencharakter. Sie sind selbstbestimmt, gut vorbereitet, müssen gepflegt werden und leben davon, dass sie aus Beziehung und in Beziehung entstehen und nicht davon, dass sie egoistisch und selbstbezogen »durchgezogen« werden.

Wenn wir verabsäumen, in unserer Lebensgestaltung sinnvolle Pausenrituale zu setzen, wenn wir die vom Körper angebotenen Pausenrituale nicht annehmen, zum Beispiel sieben bis acht Stunden Schlaf, sondern darüber hinwegleben, dann haben unser Körper und unsere Seele viele Tricks, die Pausen erst recht einzufordern – oft leider in Form von Kranksein. Im Jahr 2020 werden Depression und Erschöpfung laut WHO die weltweit meistverbreiteten Erkrankungen sein, eine gesunde Reaktion von gesunden Körpern und Seelen auf eine kranke, weil pausenlose Pseudo-Wachstumswelt!

Wie glücklich und gesegnet, wer sich nach einem langen Tag ins Bett legen kann, um zufrieden einzuschlafen, eines unserer schönsten Pausenrituale, lebensnotwendig für umfassende Regeneration, um all das Erlebte emotional und in Träumen zu verdauen – zu schlafen, um am nächsten – geschenkten – Tag munter zu sein, und das Geschenkte zu leben.

G.W.

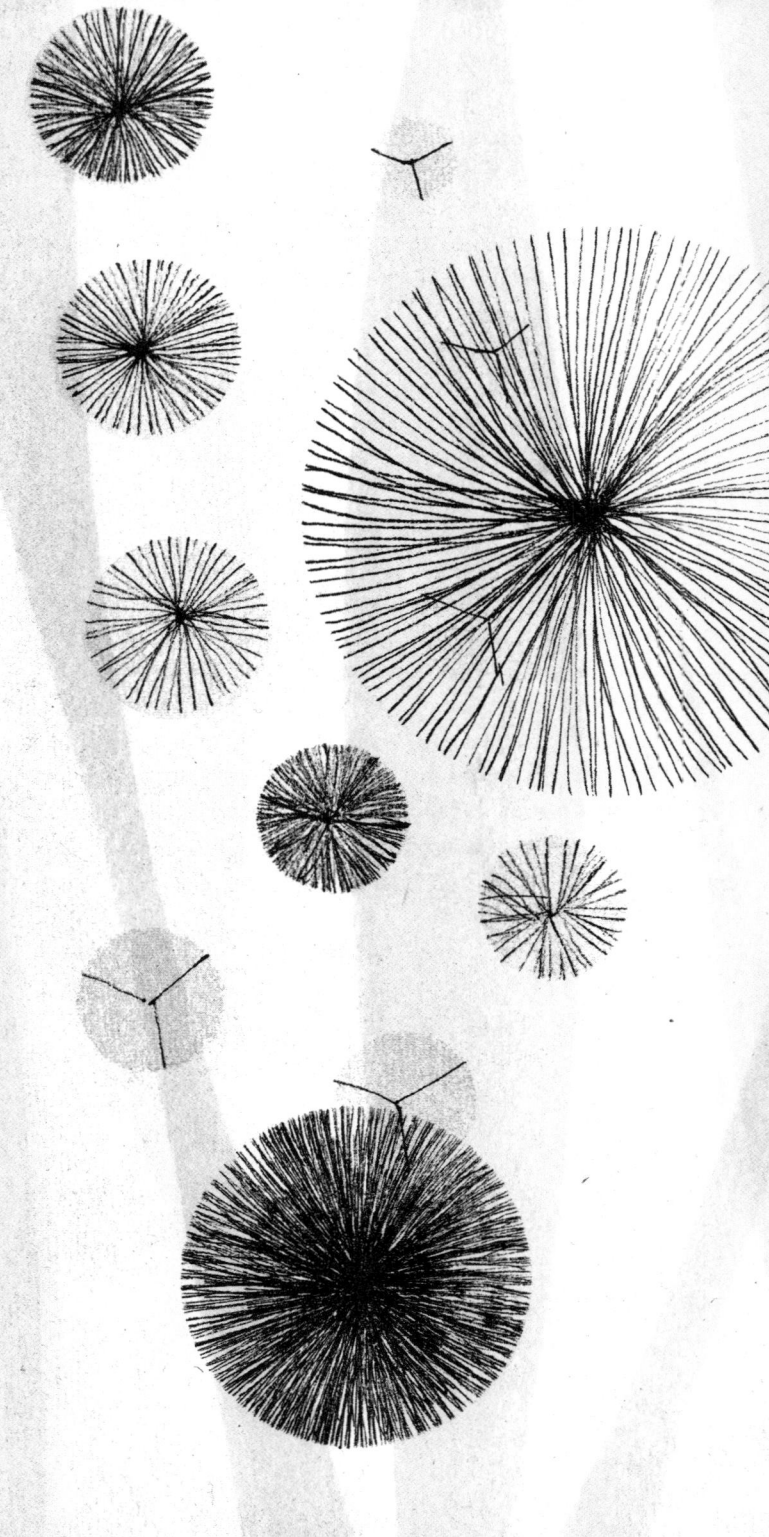

mit dir fliegen
voller Leichtigkeit
und verbünden

jetzt-zeitig
und
erfüllt
ganz da sein

Begeisterung

Hingabe
Glückseligkeit

Rausch

Endorphin-Kick

im Flow
und
selbstvergessen

Liebesrausch
Bewegungsrausch

"werd ich zum
Augenblicke sagen,
verweile doch,
du bist so schön..."

Ein Rausch mit Georgia

Es war vor acht Jahren, als wir auf Kreta das Buch »Herzensangelegenheiten« schrieben. In dem kleinen Bergdorf Anidri im Südwesten Kretas haben wir in der alten Dorfschule, heute ein Kafenion, eine »Göttin« in der Küche entdeckt: Georgia!

Ausgehungert und neugierig betraten mein Bruder Hans, unser Freund Gerald und ich an diesem Abend im Jänner das fast leere Kafenion. Feine Musik spielte, ein alter Ofen mitten im Raum wärmte uns und in der Küche arbeitete Georgia. Eigentlich wollten wir ganz einfach essen gehen, aber unversehens fanden wir uns in einem festlichen Rahmen wieder. Wer hatte diesen Festrahmen geschaffen? Der Wasserkrug wurde nicht irgendwie auf den Tisch gestellt, das Wasser gluckerte spielerisch in die Gläser, und als wir uns zuprosteten, erzählte uns Georgia, die sich zu uns an den Tisch setzte, was sie uns alles anbieten könne. Eine vom Kochen begeisterte Frau versprach uns ein kulinarisches Ereignis, und wir hatten alle Voraussetzungen für einen echten Rausch. Wir hatten Zeit, wir waren alle drei gut in Verbindung, wir hatten uns auf dieses gemeinsame Essen schon lange gefreut – und schon servierte Georgia ihre Vorspeiskreationen: Avocadosalat mit Granatapfelkernen, Melanzanirollen mit Feta gefüllt und Weinblätter und Pilze. Dazu hörten wir die Musik von »Zimt und Koriander«. Heute weiß ich, dass Georgias Wurzeln in jener kretischen Bevölkerungsgruppe liegen, die im letzten Jahrhundert zwangsweise von Kreta in die Türkei umgesiedelt wurde. Georgia hat uns das Jahre später erzählt, und jetzt erst verstehe ich, warum sie so fein kochen kann.

»I learned cooking in my mother's tummy!« Sie hat zu der Frische der kretischen Nahrungsmittel die Feinheit und Vielfalt der Kräuter und Gemüse Kleinasiens hinzugefügt. Als sie uns dann Maroni mit Pilzen in Thymiansauce servierte – unnötig zu erklären, dass sie den Thymian selbst erntet –, waren wir bereits wie im Himmel. Als Hauptgang servierte sie dann Hasen-Stifado in Zimtsauce mit Dörrzwetschken.

Die Begeisterung von Menschen wird in ihrem Tun, in ihrem Sein spürbar, ist ein Riesengeschenk, und es sind begeisterte Menschen, die uns begeistern und mitreißen können. Oft schon habe ich Georgia beim Kräuter- oder Früchteernten gesehen, und sie lebt so, wie sie kocht, und kocht so, wie sie lebt, und sie kann wahre Räusche auslösen!

Sie will »nur kochen«, sagt sie, es ist nicht Ihres, das Lokal zu führen – kochen, das kann sie und das tut sie auch, und wie!!! Und doch kann sie so viel mehr. Georgia kann super ein Team führen, das begeistert mit ihr in der Küche arbeitet. Sie kann herzlich begrüßen und verzaubern, so wie begeisterte und liebevolle Menschen über sich selbst hinauswachsen können, Atmosphären schaffen können, nach denen wir uns so sehnen und die so heilsam sind.

Berauschte Menschen können andere in Rausch bringen, in einen eigenen, neuen, anderen Bewusstseinszustand. Und wir brauchen sie, die Räusche, immer wieder. Lachen, dass die Tränen spritzen, genießen, Freuden- oder Liebesräusche, sie alle stärken unsere Vitalität, verhelfen uns zu Lebendigkeit und Lebensfreude. Süchtig bin ich, wenn ich mit dem Rausch nicht umgehen kann. Jeder Rausch hat einen Anfang und ein Ende, der Dauerrausch kippt in die Sucht. Ein echter Rausch braucht Vorbereitung und Nachbereitung. Echte Räusche wollen geteilt, mitgeteilt, vermittelt sein. Vielleicht ist es mir mit der Geschichte von Georgia ein Stück gelungen.

»I love cooking«, sagte sie uns, als sie uns eine geniale Joghurt-Frucht-Nachspeise auf den Tisch stellte und dazu noch eine kleine Flasche Raki. Wir haben sicher einiges an Alkohol getrunken an diesem Abend, aber der Rausch kam nicht davon. Es war ein Abend, an dem alles zusammenpasste, eine begeisterte Köchin, Zeit, Gemeinschaft, gute Musik und Georgias Liebe zum Kochen sind auf uns übergesprungen. Lange und oft haben wir erzählt von diesem Erlebnis, das uns auch heute noch als etwas Einmaliges verbindet. Für mich, das kann ich sagen, war es wohl einer der schönsten Räusche in unserem letzten Buchprojekt.

Ich wünsche Ihnen solche Räusche, dass die Uhr stehen bleibt, dass Sie Ihr Handy verlieren, Ihre Termine vergessen, Räusche des Abhebens und mit solider Landung, Liebesräusche und Arbeitsräusche, Genussräusche, Sporträusche und wünsche Ihnen Menschen, die das alles mit Ihnen teilen möchten.

Danke, Georgia!

G.W.

Überfülle

Dankbarkeit

so sitz' ich da
im
Zeit-Geschenk

Lebens-Zeit
die mir
geschenkt ist

zu leben
und
zu lieben

liebend
zu erleben

jeden Tag
jede Stunde
jeden Augenblick

um Spuren
zu ziehen

Liebesspuren
in meiner
Lebenszeit.

G.W.

Mit Blumenstrauß und Weinflasche

Ich muss fast entschuldigend vorausschicken, dass wir uns natürlich sehr freuen, wenn Gäste zu uns kommen und uns mit schönen Blumen und Weinflasche überraschen. Nehmen Sie diese Geschichte einfach als Metapher, wenn manchmal Funktionalität vor der Beziehung steht.

Meine Frau liebt es zu kochen, und meine Aufgabe ist meist, den Tisch zu decken, mich um Musik und angenehme Atmosphäre im Raum zu kümmern.

Wir sind auch gern zu Gast und bringen dann auch manchmal Blumenstrauß und Weinflasche mit.

Irgendwann ist in mir ein Bild entstanden, wahrscheinlich aus eigenem Erleben bei uns zu Hause, oder auch wenn wir selbst zu Gast waren:

Wenn alles knapp ist, vor allem Zeit, wenn gekocht wird, die Wohnung schnell zusammengeräumt, die Schuhe ins Kasterl, die Zeitschriften, die unerledigte Arbeit weggeräumt, Tisch gedeckt, Kerzen angezündet, Musik aufgedreht, und dann kommen die Gäste mit Blumenstrauß und Weinflasche. Danke, kommt nur weiter. Gemütlich habt ihr es hier.

Ein Aperitif, dann das Essen, geplaudert über Kinder, Schule, Arbeit, und dann kommt auch schon die Politik, der Bundeskanzler, der Bankenskandal und andere »Wichtigkeiten«. Dann kommt die Nachspeise, der Blick auf die Uhr. Ihr müsst ja auch zeitig aufstehen, und ich bin auch schon so müde. Bussi, Bussi, danke für die liebe Einladung.

Dann bleibt oft Leere, Traurigkeit wäre übertrieben, aber irgendwie ein Gefühl, das war's doch nicht, oder?

Dann träumen wir von Atmosphären voll Authentizität, Berührung, einer berauschenden Stimmung, voll im Flow und tiefen Sein.

Dann fallen mir Situationen ein, in denen Berauschtheit und Leben in Fülle möglich war, mit einem Gefühl des tiefen Sattseins und Befriedigtseins vor Glück.

Wie oft begegnen wir auch Freunden in der Funktionalität des Alltags und aus der ersehnten Begegnung kann kein Fest entstehen.

Auch Feste, Einladungen und Begegnungen bedürfen der »9R«, nicht nur im therapeutischen Kontext der Integrierenden Medizin, sondern in allen Lebensbereichen.

Mein Bruder Georg und ich verbringen diesen Vormittag in Anidri bei Georgia. Georg erzählte ja bereits von dieser beeindruckenden Köchin. Als wir ankommen, um einen Kaffee zu trinken, hören wir griechische Musik aus der Küche. Es ist wieder die Filmmusik aus »Zimt und Koriander«, eine Musik, die Georgia besonders liebt, da dieser Film ein Stück ihrer – wirklich nicht einfachen – Familiengeschichte zeigt. Vor dem Haus ist ein Brunnen. Die Küchenhilfe wäscht gelbe und rote Paprika, Gurken, Zucchini und Tomaten. Der Gastraum, noch nicht geöffnet, ist voll mit Obst- und Gemüsesteigen, ein Sack Zucchiniblüten steht auf dem Tisch, und ein zweiter Küchengehilfe schält Maroni.

Es duftet herrlich, Georgia begrüßt uns lachend aus der Küche. Die Arbeit scheint für alle drei keine Arbeit zu sein, sie lachen und blödeln miteinander. Die beste Voraussetzung für ein wunderschönes Fest, sagt Georg zu mir.

… Ich sehe in die Anidrischlucht hinunter zum Meer, drifte auf einmal in Gedanken weg und lade meine besten Freunde ein zu unserem Abschiedsabend heute, weil wir ja morgen abreisen müssen. Wir sind ausgeruht, haben genügend Zeit, können uns gut vorbereiten und laden jeden ein, der mit uns feiern möchte. Die Gäste kommen, voll Vorfreude, bereit, ein Fest zu feiern. Ella, Ella, schön, dass ihr da seid und stimmen uns ein auf den Rhythmus eines guten Abends. Wir sitzen gemütlich im Garten, die Freunde helfen in der Küche, spielen mit den Kindern und wir schauen, dass genügend zu trinken auf den Tischen steht. Irgendwann werden die Vorspeisen serviert, Duft von Zimt und Koriander in dieser herrlichen Atmosphäre. Ein Raum für Reflexion und tiefe Begegnung.

»Wie geht es dir?« ist auf einmal keine Redewendung mehr, auf die oft keine ehrliche Antwort kommt, sondern eine Einladung und tiefes Interesse.

»Komm, erzähl mir von dir, ich möchte erfahren, wie es dir geht!«

An einem Tisch vielleicht Betroffenheit und Tränen, an einem anderen Tisch übermütiges Lachen, wie das Leben halt so spielt.

Die Hauptspeise verführt zu einem kulinarischen Rausch, Ruhe kehrt kurz ein und dann wieder Gespräch, das kein Reden, sondern innigster Austausch ist. Verstehen und verstanden werden und immer wieder diese Atmosphäre der Fülle, mit Musik, Gerüchen, das Gefühl, geliebt und verstanden zu werden.

Irgendwann wird getanzt, Sirtaki – wir sind ja schließlich auf Kreta –, gelacht, und auf einmal, uns in den Armen haltend, im Rhythmus der griechischen Musik, sind wir nicht mehr einzelne Menschen, die miteinander essen und trinken, sondern etwas Neues, eine Gemeinschaft, die uns eingebettet sein lässt in ein großes Ganzes. Ein Glücksgefühl entsteht, das Leben ist ein Fest! Da kommen noch Gäste, mit Blumenstrauß und Weinflasche. Ella, Ella, rufe ich volltrunken vor Glückseligkeit …

»Hans«, sagt Georg, seinen Kaffee trinkend, »wo bist du denn gerade gewesen?«

»Ich habe eben ein wunderschönes Fest gefeiert mit Blumenstrauß und Weinflasche«, antworte ich und erzähle ihm mein Erlebnis.

Aus meinem Traum erwachend weiß ich, dass solche Feste nicht an spezielle Orte gebunden sind, und ich weiß, dass Feste überall, auch in kleinsten Zimmern gefeiert werden können.

Und ich weiß auch, dass nicht jedes Fest ein rauschendes Fest werden kann. Aber mehr denn je weiß ich heute, dass auch Feste, Einladungen und Begegnungen unserer »9 R« bedürfen.

Rhythmus: sich in den Rhythmus einer Festgemeinde einschwingen lassen. Gäste sind nicht nur Teilnehmer, sondern auch Teilgeber, nicht nur mit Blumenstrauß und Weinflasche, sondern auch mit Vorfreude und vielleicht sogar mit Herzklopfen.

Ritual: Feste leben von Ritualen, deshalb ist auch nichts gegen Blumenstrauß und Weinflasche einzuwenden, aber viel wichtiger ist es, die Zeit zu feiern und viel wichtiger sind auch die gute Vorbereitung von Einladenden und Mitfeiernden. Wie anstrengend können Feste sein, bei denen sich die Gastgeber sehr bemühen, aber die Gäste sich wie Konsumenten bewirten lassen. Da kann es niemals rauschvoll zugehen.

Ressourcen: Es geht da nicht so sehr um die finanziellen Ressourcen, um ein Fest feiern zu können, vielmehr um die Zeit, die Wertschätzung füreinander, und die Energie und auch Fantasie, gemeinsam zu feiern, sodass ein echter Festrausch möglich wird.

Regeneration: Erschöpft kann ich weder ein Fest gestalten, noch aktiv daran teilnehmen. Als Erschöpfter kann ich nicht Teilnehmer sein, sondern nur versorgt werden, und manchmal sogar ein Fest blockieren. Einzelne geschwächte oder kranke Menschen können von einer lebendigen Festgemeinde gut mitgetragen werden.

Reduktion: Reduktion kommt von »reducere«, zurückführen auf das Wesentliche, und das ist in diesem Moment das Fest. Ich kann nicht an einem Fest teilnehmen und mit dem Kopf noch immer im Betrieb oder in anderen Verantwortlichkeiten sein oder mehr mit dem Handy in Verbindung sein als mit den Menschen um mich herum.

Reflexion: Feste bieten große Möglichkeiten für Austausch und damit auch für Reflexion, weil in der Getragenheit einer festlichen Gemeinschaft offener und befreiender Austausch möglich ist, im Gegensatz zum ermüdenden Small Talk.

Risiko: Ein Fest zu feiern ist ein Risiko. Wie viele schöne Feste kommen vielleicht deshalb nicht zustande, weil zwar der Wunsch danach besteht, nicht aber die Risikobereitschaft vorhanden war? Werden die Gäste auch kommen, werden sie sich wohlfühlen, wird das Fest gelingen …?

Raum: Der Festraum, ein ganz zentraler Teil für jedes Fest: Gut vorbereitet und liebevoll gestaltet kann er ermöglichen, dass Träume wahr werden.

Rausch: Georg und ich wünschen Ihnen viele rauschende Feste. Sie tun so gut, Feste, auf denen Sie vergessen auf die Uhr zu schauen, Feste, auf denen Sie Entdeckungen an sich und an den anderen mitfeiernden Menschen machen können.

H.W.

Die Leberkässemmel

Schon öfter hatte mich der Obmann eines in Gesundheitsthemen sehr engagierten Vereins gefragt, ob ich einen Vortrag über gesunde Ernährung halten will. Über mehrere Jahre hinweg konnte ich die Einladung immer wieder geschickt abwehren, spürte ich doch eine gewisse Enge in den Gesundheitsbotschaften, die dort transportiert wurden; bis ich dann letztlich doch zusagte.

Zwei Monate später war es dann so weit. Ich konnte mich dem auch nicht mehr entziehen, zumal mich ein Plakat immer wieder daran erinnerte: »Genießer werden selten krank! – Ein Ernährungsvortrag von Georg Wögerbauer im Festsaal der Gemeinde am Freitagabend.«

Noch gut erinnere ich mich an jenen Freitag: Ich hatte eine anstrengende Woche hinter mir, an diesem Tag wieder einmal viel zu lange gearbeitet, hatte mir für mich keine Zeit genommen und wegen des Termindrucks auch kein Mittagessen zu mir genommen.

Gegen 17 Uhr war ich müde und hungrig, voller Sehnsucht nach meiner Familie, Ruhe und Genuss. Und – da ich von Montag bis Donnerstag nach Möglichkeit keinen Alkohol trinke – in der Vorfreude auf guten Rotwein, gemeinsam mit meiner Frau zur Einstimmung in ein schönes Wochenende. Ich bin ein Genussmensch. Essen war für mich schon immer etwas Freudiges und Schönes, und jetzt sollte ich bei besonders gesundheitsbewussten Menschen über gesunde Ernährung sprechen. Lieber genieße ich mit Freunden selbst gemachte Lammkoteletts mit Melanzanirisotto bei Gitarrenmusik und gutem Rotwein, als Fragen über »links- und rechtsdrehende« Nahrungswertigkeiten zu beantworten oder darüber, wie viele Kalorien in einem Achterl Rotwein enthalten sind. Und das ganze Thema stellte sich noch dazu an einem Freitagabend und das bei meiner Sehnsucht nach einem feierlichen Essen in gemütlicher Runde.

Solcherart betrübt, müde und hungrig fuhr ich dann zu besagtem Vortrag los, als mir Folgendes widerfuhr:

Beim Verlassen meines Autos am Weg zum Festsaal erreichte mich eine unwiderstehliche Geruchssensation, die mich spontan abweichen ließ und mich auf direktem Weg in eine Fleischhauerei führte. Nicht ich entschied das Folgende, sondern es widerfuhr mir, ich war bloß das »Opfer«.

Vor mir stand eine korpulente Verkäuferin, aber mein Blick ging über sie hinweg und wie paralysiert fixierte ich hinter der Verkäuferin jenes Mikrowellengerät, in dem die »Katastrophen« gelagert waren; links der normale Leberkäse, schön rosa glänzend und fettrinnend, rechts davon das gleiche Format nochmals mit dicken, gelben Käsepusteln gespickt. Es erübrigt sich festzustellen, dass ich ein Opfer des Käseleberkäses wurde. Die Verkäuferin – sie musste in meinem Käseleberkäse-Gesicht gelesen haben – nahm mit einem Doppelspieß den wabbelnden Leberkäse aus der Vitrine, wir zwei verstanden uns sprachlos, und es löste bei mir Schrecksekunden aus zuzuschauen, wie sie mit dem riesigen Fleischermesser durch die Semmel fuhr, ohne sich zu verletzen – geübt ist geübt.

Auf die von ihr vollkommen rhetorisch gestellte Frage, wie groß denn das Stück Leberkäse in meiner Semmel sein sollte, wechselten wir das Thema, sprachen übers Wetter, während sie einen immer dicker werdenden Keil anstatt einer Spalte abschnitt. »Jetzt ist es doch ein bisschen größer geworden, Ihr Stück!«, sagte sie mit gespieltem Bedauern, auf das ich ebenso gespielt reagierte: »Macht gar nix!« Gleichzeitig überlegte ich mir, wie ich damit beginnen würde, in diese Leberkässemmel hineinzubeißen. Vielleicht die ungesunde Variante, dachte ich, indem ich die hervorstehenden Leberkäseecken abbeiße, oder doch besser etwas gesünder in die Mitte hineinbeißen, mit dem Risiko, dass mir dann die Ecken mein ganzes Gesicht fettig machen würden. Gedankenversunken muss ich die unnötige Frage der Verkäuferin überhört haben: »Soll ich sie einpacken, Herr Doktor?« In diesem Moment war wohl beides störend: Die Frage selbst, während ich eigentlich gedanklich schon beim ersten Bissen war, und noch mehr der Doktortitel in der Fleischhauerei, in der ich gerade Opfer einer Käseleberkäse-Attacke wurde.

Die Verkäuferin muss es gespürt haben, und schnell packte sie die Semmel wieder aus. Und dann war er da, der magische Moment! Mit der ganzen Körperfülle lehnte sie sich über die Theke, um mir mit freundlichem Lachen die nunmehr ausgepackte Leberkässemmel zu überreichen: »Lassen Sie sich's gut schmecken!« Das war wohl der gesündeste und schönste Augenblick an diesem anstrengenden Ordinations- und Vortragstag. Wir drei waren in wunderbarer Verbindung – die Verkäuferin, die Leberkässemmel und ich –, der Augenblick der Übergabe, jemand hat für mich gesorgt, gibt mir Kraft, und ich kann das annehmen. Und wie ich's nahm und mich intensiv für den ungesünderen ersten Bissen entschied!

In diesem Augenblick hatte die Leberkässemmel etwas Heilsames für mich. Nach vielen Stunden des Funktionierens tat ich mir etwas Gutes, und es ist in solchen Momenten immer der erste Bissen, der besonders guttut.

Als neuntes von zehn Kindern bestand über viele Jahre die Schuljause für mich immer aus dem obligaten Schmalzbrot mit einem Apfel, nur an meinem Geburtstag durfte ich mir eine Extrawurst- oder Leberkässemmel kaufen. Deshalb ist so eine Semmel wahrscheinlich für mich auch heute noch etwas ganz Besonderes, eine fast feierliche Botschaft, löst ein leichtes Geburtstagsfestgefühl aus und wird auch so einmal die Woche beim Samstagsfrühstück von mir rituell genossen (die Semmel! – nicht der Leberkäs!).

»Darf's noch ein zweites Semmerl sein?«, fragte die Verkäuferin wiederum, wohl darüber staunend, wie schnell ich mit der ersten Semmel fertig war. »Aber jetzt hab' ich leider nur mehr das Scherzerl«, sagte sie. Den letzten Bissen gerade schluckend blickte ich mich um, nur um sicherzugehen, dass nicht ein Rivale im Geschäft mir dieses Scherzerl – wohl das Beste am ganzen Käseleberkäse, mit der Kruste am Rand – wegnehmen würde. »Das nehm' ich ganz bestimmt«, stammelte ich, und dann ging ich, das zweite Semmerl (wie schön ist es doch, das Ding zu verniedlichen!) essend, in Richtung Festsaal, um meinen Vortrag über gesunde Ernährung zu starten.

Die dort sitzenden ZuhörerInnen waren ob des Geruchs einer Leberkässemmel im Festsaal leicht irritiert, hatten sie doch für die Pause ein gesundes Buffet mit Gemüsevariationen und Kräutertees liebevoll vorbereitet, während nun der Geruch der Leberkässemmel doch etwas störend den Festsaal erfüllte.

Um diese Scharte auszuwetzen, begann ich sofort und sehr konzentriert, das »Corpus delicti« ernährungsphysiologisch zu sezieren, und ich ließ auch wirklich nichts Gutes an der Semmel: Weißes Mehl, keine Ballaststoffe, fehlende Vitamine und Spurenelemente und dann überhaupt das Fetteste von Rind und Schwein, gebraten und versalzen, und seit Montagfrüh oftmals erwärmtes tierisches Fett und Eiweiß – von Cancerogenen über Hypertonie, Herzinfarkt bis hin zum Schlaganfall ließ ich an diesem katastrophalen Nahrungsmittel kein gutes Haar, und meine ZuhörerInnen schrieben alles mit, bis hin zur Histaminintoleranz bei häufig erwärmtem organischem Eiweiß. Aber, so schloss ich meinen Vortrag, diese Semmel konnte mir heute genau das geben, wozu ich den ganzen Tag selbst nicht in der Lage war. Diese »Ernährungskatastrophe« genießend gelang es mir für zehn Minuten, mit mir wieder in Verbindung zu kommen, mich zu spüren, feierliche Momente abzurufen. Und in dieser Gestimmtheit konnte ich auch meinen Impuls über gesunde Ernährung noch so geben, dass meine ZuhörerInnen Lust bekamen, Ernährung mehr als etwas Rauschhaftes und Verbindendes zu sehen, als Mittel zum Leben und zur Lebendigkeit, als ein Geschenk, über das wir uns drei Mal täglich freuen können, wissend, dass unser Körper so genial gebaut ist, dass er hin und wieder auch eine »Katastrophe« verkraften kann. »Das Wertvollste an einer Diät ist der Diätfehler«, schloss ich meinen Vortrag, »bewusst begangen und ohne schlechtes Gewissen genossen!«

Es gibt ein Sprichwort:»Fanatiker sind zu allem fähig, aber sonst zu nichts.« Auch Gesundheitsfanatismus hat etwas Zerstörerisches, genauso wie der selbstzerstörerische Lebensstil vieler Menschen, die unreflektiert und autoaggressiv ihren Körper täglich überlasten. Tatsächlich ist unser Körper so ausgestattet, dass er Ernährungsfehler gut wieder ausgleichen kann. Vielleicht haben Sie selbst schon einmal gemerkt, dass dasselbe Essen in unterschiedlichen Stimmungen einmal ein fantastischer Festschmaus ist und das andere Mal gar nicht schmeckt. Genauso wichtig wie das, was wir essen, ist auch die Art und Weise, wie wir essen, ob es ein funktionales Zwischendurch in einem gestressten Arbeitstag ist oder eine willkommene Pause mit Festcharakter und fixen Ritualen, mit einer Kerze am Tisch und Menschen, denen ich dabei begegnen kann. Ernährung mit Fokus auf das Wie und Was hat einen wesentlichen Einfluss auf unser Gesundsein. Manchmal, wie in meiner Geschichte mit der Leberkässemmel, ist das Wie von größerer Bedeutung als das Nahrungsmittel selbst. Schön, wenn beides gelingt: Ein Essen in liebevoller Atmosphäre als fixer Bestandteil im Tagesablauf, als Zeitgeschenk um loszulassen, als willkommene Pause zur Regeneration und gleichzeitig ein Essen, das gesund und gut zubereitet ist.

G.W.

Warum kann ich mein Publikum nicht begeistern?

Es ist schon eine Weile her, dass ich einen jungen Mann begleitete, der anfänglich wegen immer wiederkehrender Racheninfekte kam und mich um eine immunstärkende Therapie bat. Nach entsprechender Untersuchung, Therapieimpulsen und HNO-Begutachtung stellte sich heraus, dass der Patient zwar kerngesund, aber aus unerklärlichen Gründen immungeschwächt und infektlabil war.

Für ihn waren diese Infekte deshalb so störend, weil er Gesang studierte und wegen der Infekte oft absagen musste, vor allem aber nicht genug üben konnte, um seinen Stimmumfang so auszuweiten, wie es für seinen beruflichen Traum, nämlich das Singen von Musicals, nötig war.

Im Rahmen seiner Therapie kam es für ihn zu einem Schlüsselerlebnis, das für seinen Heilungsprozess und auch für seinen weiteren beruflichen Werdegang maßgeblich entscheidend war.

Einmal organisierte er selbst ein Konzert und engagierte einen Freund, der mit ihm Gesang studiert hatte, der aber hauptberuflich nicht als Sänger tätig war und nur mehr selten öffentlich auftrat.

Nach diesem Konzert kam der Patient verstört und verzweifelt zu mir und erzählte mir folgendes Erlebnis:

»Ich habe das Konzert organisiert, von der Idee bis zum Verschicken der Einladungen, der Saal war voll und ich habe auch die meisten Lieder gesungen. Und glauben Sie mir, gesanglich bin ich wirklich besser als mein Freund. Er hat nur ein paar Lieder gesungen und am Ende wurde er stürmisch umjubelt und bekam den viel größeren Applaus als ich.«

Im Rahmen des darauffolgenden Therapiegesprächs zeigte sich, dass seine Mutter immer schon Musicals geliebt hatte und Musicalstars dementsprechend verehrte. Für sie war der Status des Künstlers überhaupt etwas ganz Besonderes und kein anderer Beruf konnte diesem entsprechen. Der Sohn erhielt von seiner Mutter von Kindesbeinen an auch immer die meiste Liebe und Aufmerksamkeit, wenn er gesungen hatte, egal ob allein, gemeinsam mit ihr, vor Gästen, auf der Schulbühne oder wo immer sich sonst Gelegenheiten ergaben aufzutreten. Unbewusst beeinflusste die Mutter durch ihre eigenen Vorlieben auch den Berufswunsch ihres Sohnes.

Der Unterschied zwischen ihm und seinem Freund war, dass sein Freund Künstler war, obwohl er einen ganz anderen Hauptberuf hatte. Aber er war Künstler und also in vollem Flow, als er auf der Bühne stand. Dieses Flow-Gefühl, nach dem wir uns doch alle sehnen, steckte das Publikum an, und es freute sich mit ihm. Mein Patient aber »musste« Künstler sein, um sich der Liebe und Wertschätzung der Mutter sicher zu sein.

»Wollen Sie denn überhaupt Sänger sein?«, fragte ich.

Er wurde ärgerlich, fast böse zu mir und verlor erstmals, seit wir uns kannten, die Fassung.

»Wollen Sie mich verarschen mit dieser Frage?«, schimpfte er.

»Nein«, sagte ich, »das will ich ganz sicher nicht, und ich hoffe, Sie wissen, wie sehr ich Sie schätze und dankbar bin für das Vertrauen, das Sie zu mir haben. Darf ich Sie nochmals fragen, ob Sie gerne Sänger sein wollen, oder ob es bei Ihnen, so wie bei Ihrem Freund, auch noch andere Berufswünsche gibt?«

Er dachte kurz nach und sagte: »Ja, ich möchte gern Sänger sein und diesen Beruf hauptberuflich ausüben. Natürlich gibt es auch bei mir einen Plan B, falls ich es nicht schaffe.«

»Was wollen Sie denn schaffen?«, fragte ich.

»Na, davon leben zu können, was denn sonst?«, sagte er, noch immer gereizt.

»Verzeihen Sie, dass ich nachfragen muss, aber was hat denn

das eine mit dem anderen zu tun? Sie sagten, dass Sie gern Sänger sein würden, aber das sind Sie ja bereits, und das wollen Sie ja auch weiterhin bleiben, wie Sie mir gesagt haben. Sind Sie denn ein anderer Sänger, wenn Sie es hauptberuflich machen?«

Er stutzte und sah mich an, als würde er mir sagen wollen: »Sprich weiter.«

»Wenn Sie singen wollen, dann singen Sie, geben Sie sich voll hin, genießen Sie Musik und Publikum und seien Sie stolz, dass Sie die Fähigkeit haben, dort oben zu stehen. Was ich Ihnen wünsche ist, dass Sie singen, weil Sie ein Sänger sind und weil Sie dieses Singen in Rausch versetzt. Ich wünsche Ihnen, dass Sie beim Singen mögliche Engagements und vor allem Ihre Mutter vergessen, denn die freut sich ganz sicher am meisten, wenn sie spürt, dass Ihnen das Singen Freude bereitet und dass es ganz Ihres ist.«

Diese Therapiestunde ist schon lange her, der Patient kommt in großen Abständen zu Reflexionsgesprächen und ab und zu auch zu rein »ärztlichen« Behandlungen bei Infekten und anderen körperlichen Beschwerden.

… und er ist Sänger geworden! Weil er es wollte, aus seiner tiefsten Freiheit heraus, weil es ihm gelungen ist, den Weg des Künstlers zu gehen, und er nicht unbewusst dem Wunsch der Mutter folgen musste.

H.W.

Abschied von der Maßlosigkeit

Ganz behutsam
leise und vorsichtig
ertaste ich sie
und lerne sie kennen

die Bescheidenheit.

Zerbrechlich ist sie
fein und zart
leise und präsent
und sie birgt einen
großen Schatz

die Zufriedenheit.

G.W.

Gesundsein ist mehr als der ideale Body-Mass-Index

Im Schreibrausch im kleinen Kafenion in Anidri mit Blick auf das libysche Meer überkommt mich unbändiger Hunger. In der Früh konnte ich sehen, wie Georgia frische Zucchiniblüten mit Reis und Kräutern gefüllt hat, wie gerne habe ich die Schreibunterbrechung jetzt angenommen für ein gutes Essen.

In der willkommenen Pause betrachte ich ein englisches Paar, das den kleinen, wunderbaren Kafeniongarten betritt und fürs Erste staunend und dankbar unter dem sicher schon mehr als 200 Jahre alten Olivenbaum stehenbleibt. Die Freude ist in ihren Gesichtern zu sehen, und sorgfältig wählen sie einen Tisch im Halbschatten aus. Sie nehmen am Nachbartisch Platz und ich kann die feine und achtsame Atmosphäre zwischen den beiden spüren. Ich schätze ihr Alter zwischen 50 und 60 Jahren, und es ist unübersehbar, wie übergewichtig beide sind und wie kurzatmig die Frau ist. Mir fallen spontan viele Diagnosen zu den beiden ein, aber die haben alle keine Bedeutung bei der feinen Ausstrahlung, die von diesem Paar ausgeht. Der Mann umarmt seine Frau zärtlich, schenkt ihr Wasser ein, holt die Speisekarte und voller Glück genießen die beiden den Blick aufs Meer. Sie fragen mich nach der Küche hier, und ich beginne zu schwärmen von den Zucchiniblüten und der genialen Köchin. Sie wählen in Ruhe aus und genießen voll Freude ein fantastisches Essen miteinander.

»What are you doing here?«, fragt mich der Mann und deutet auf meine Schreibunterlagen.

»Ich bin hier, um ein Buch zu schreiben«, erkläre ich, »von

Beruf Arzt und es geht in dem Buch um Lebensgestaltung.«

»So don't watch us«, sagt er lachend, »we are no good models.«

»Of course you are!«, entgegne ich, »the way you enjoy with your wife this place and the great cooking, it is very healthy and it is exact the issue I am writing about!«

»You can't look around the corner«, antwortet mir der Mann.

Wir wissen nicht, was hinter der Ecke ist, aber was jetzt ist, das können wir wirklich genießen.

Er bittet mich dann noch, ihn und seine Frau zu fotografieren, und immer wieder beteuern sich die beiden, wie schön es hier ist und wie sie doch glücklich sind und wir prosten uns zu.

Integrierende Medizin fokussiert nicht nur Risikofaktoren, Body-Mass-Index oder den richtigen Cholesterin-HDL-Quotienten. Die Fähigkeit zu lachen, zu genießen, sich zu freuen, Verbundenheit zu spüren, miteinander zu feiern und zu gestalten – das alles sind so wesentliche Faktoren des Gesundseins.

Mit den Jahren unserer ärztlichen und persönlichen Erfahrung werden wir als Ärzte großzügiger mit dem klassischen Risikoscreening. Uns interessiert auch, ob Menschen die Kraft und Energie haben, etwas zu riskieren, ob sie die Fantasie haben, Feste zu feiern, das Vermögen, sich miteinander zu freuen, und den Mut, immer wieder etwas Verrücktes zu tun. Es ist ein Teil unserer Therapie, diese Qualitäten der Lebensgestaltung immer wieder anzusprechen.

Zum Aufbruch bedanken sich die beiden noch bei mir für die Küchenempfehlung, und im Hinausgehen wünscht mir der glückliche Engländer noch: »Good luck for your book!«

G.W.

Ich träume

Vom unbeschwerten Sein
von einer herzlichen
Umarmung meiner Kinder
von liebevollen Begegnungen.

Ich träume
vom Lachen meiner Enkeltochter
von einem Fest ohne Ende
von Lieben – Leben – Lust.

Ich wache auf
und bin berührt
von Träumen
die mir geschenkt sind
zu leben.

G.W.

Mut zur Lebendigkeit

Vielleicht fehlt noch ein wichtiges R, die Resonanz.

Was in meinem Leben »klingt an« oder »klingt nach«, wenn ich durch eine Begegnung, ein liebevolles Wort, eine Berührung, eine Geschichte in Schwingung versetzt werde? Wie reagiert mein Körper, mein Herz, meine Atmung? Resonanz ist eine direkte Antwort von Leib und Seele auf eine Schwingung – sie geht durch, erfüllt den ganzen Menschen – schwingt weiter und kann sich ausbreiten, von einem Menschen zum nächsten – Resonanz mobilisiert Kräfte der Heilung – multipliziert sie, und ermöglicht so Entwicklung.

Resonanzfähig bin ich, wenn ich mit mir selbst in Verbindung bin, mein Herz höre und voll Achtsamkeit da bin.

Wer sind die Menschen in meiner Umgebung, die mir guttun, mit denen ich »schwingen« kann, mit denen ich in Resonanz bin, mit denen ich achtsam in Beziehung sein kann?

Wir wollen in diesem Buch keine Rezepte geben – Lebendigkeit auf Rezept gibt es nicht.

»… Gedichte auswendig lernen ist sehr gesund fürs Gedächtnis. Ebenso eine Fremdsprache lernen. Auch gut!

Sehr gesund für das Herz-Kreislauf-System ist es, drei Mal pro Woche Ausdauertraining zu machen – das senkt das Herzinfarkt- und Schlaganfallrisiko.

Sehr gesund ist auch die tägliche Gymnastik, vor allem für die Wirbelsäule.

Sie können auch Augen-, Beckenboden-, Konzentrations-, Gleichgewichts-, Esstraining und noch vieles mehr ausüben.
Am besten alles zwei bis drei Mal die Woche!! …«

Es gibt viele Menschen, die vernünftig leben, vernünftig essen und trinken, regelmäßig Sport betreiben, regelmäßig urlauben, regelmäßig in Konzerte und Ausstellungen gehen. Und dennoch vermissen viele Lebendigkeit, Leidenschaft und Freude in ihrem Leben.
Empfehlungen können gut gemeint sein, wirklich hilfreich ist es aber, genau zu hinterfragen, ob sie für mich, für uns so passen.

… Wie gut kann es sich anspüren, wenn wir unsere Tage in Freiheit ordnen und spüren können, wohin unser Herz uns trägt. So können wir auch den Künstler in uns entdecken!
… Es ist schön, ein Gedicht zu lernen, weil ich von der Sprache Rilkes fasziniert bin – oder Italienisch, weil mich die italienische Lebensart fasziniert.
… Es tut so gut zu tanzen, wenn dadurch »Flow« und Freude möglich werden.
… Ich kann mich bewegen, ganz einfach, weil es mir Spaß macht, und auch, weil es meinem Gesundsein förderlich ist.

Zu viel Vernunft kann unser Gesundsein ebenso stören wie zu viel Unvernunft.
Es geht um das »innere Schwingen«, das Verbundensein mit mir selbst und die Verbindung zu den Menschen, mit denen wir unser Leben und unseren Lebensraum teilen und gestalten.

Wir wünschen Ihnen Resonanz und ein Schwingen, das sie immer wieder zum Tanzen bringt, einen Tanz durch ein bewegtes Leben!

H. und G.W.

Die Autoren

Georg Wögerbauer, geboren 1960, lebt mit seiner Frau im Wald-viertel in NÖ; drei erwachsene Kinder, zwei Enkelkinder.

Seit 25 Jahren Privatpraxis als Allgemeinmediziner und Psy-chotherapeut im Kloster Pernegg. Berufliche Schwerpunkte: Integrierende Medizin und Gesundheitsentwicklung, Psycho-therapie, psychosomatische Medizin; Seminartätigkeit in Profit-und Non-Profit-Organisationen zu den Themen Beziehungskul-tur, Stress-Prävention und Lebensgestaltung.

www.woegerbauer.at

Hans Wögerbauer, geboren 1952 in Wien, lebt mit seiner Frau Helene in Perchtoldsdorf bei Wien; drei erwachsene Kinder, fünf Enkelkinder.

Arzt für Allgemeinmedizin und psychosomatische-psychotherapeutische Medizin, Magister der Sozial- und Wirtschaftswissenschaften. Schwerpunkte: Integrierende Medizin und Gesundheitsentwicklung, Diätetik, Sportmedizin und Naturheilverfahren. Privatpraxis in Perchtoldsdorf.

www.woegerbauer.at